STEUERN OHNE GRENZEN?

STEUERALLTAG

IM

DREILÄNDERECK

STEUERN OHNE GRENZEN?

STEUERALLTAG IM DREILÄNDERECK

HERMANN STENTEN

THOUET Verlag

Die Deutsche Bibliothek - CIP-Einheitsaufnahme
Stenten, Hermann:
Steuern ohne Grenzen? : Steueralltag im Dreiländereck / Hermann Stenten.
- Aachen ; Leipzig ; Paris : Thouet, 1996
ISBN 3-930594-11-0

Gestaltung: *THOUET* Verlag
Druck: Tlaciarne BB, Banska-Bystrica
Satz und Lithographie: FotoCom, Aachen
Printed in Slovakia
ISBN 3-930594-11-0

Meiner Frau Margarete

VORWORT

Warum dieses Buch? 9

1 WENN NATIONALE STEUERRECHTE AUFEINANDERTREFFEN – MÖGLICHE KOMPROMIßFORMEN BEI DER EINKOMMENSBESTEUERUNG

1.1 Wohnsitzverlegung in den Nachbarstaat – mehr als ein Meldevorgang 13

1.2 Das Problem „Doppelbesteuerung" – eine zwangsläufige Folge 16

1.3 Die beiden Doppelbesteuerungsabkommen mit Belgien und den Niederlanden – Gesamtkonzept und wichtige Details 22

1.4 Das nationale Einkommensteuergesetz – die Vorgaben aus dem Doppelbesteuerungsabkommen werden umgesetzt 29

2 STEUERFACHSPRACHE IN GRUNDZÜGEN – „ÜBERSETZT" FÜR DEN LAIEN

2.1 Unbeschränkte und beschränkte Steuerpflicht – und die rechtlichen Folgen 35

2.2 Methoden zur Verhinderung der Doppelbesteuerung – und ihre begrenzte Wirksamkeit 39

2.3 Wohnsitz, Ansässigkeit und Betriebsstätte – Definitionen der Doppelbesteuerungsabkommen 42

2.4 Amtshilfe und Informationsaustausch – Kooperieren die Finanzämter wirklich grenzüberschreitend? 46

2.5 Verständigungsverfahren – wer ist „Oberschiedsrichter" in grenzüberschreitenden Streitfragen? 50

2.6 Die Steuerschulden zwingen zur Rückkehr – kann mich in Deutschland der Gerichtsvollzieher „von drüben" erwischen? 53

3 DIE DEUTSCHE BESTEUERUNG DER GRENZPENDLER – NEUE GESETZLICHE BESTIMMUNGEN AB 1996

3.1 Neuregelung im Schnellverfahren – die Antwort der Ministerialbürokratie auf zwei Jahrzehnte des Protestes 57

3.2 Alter Status, neue Gesetze – das Bild paßt nicht in seinen Rahmen 66

3.3 Option – die neuen Spielregeln für Grenzpendler anhand von Beispielen 68

4 BESONDERHEITEN DES DOPPELBESTEUERUNGSABKOMMENS MIT BELGIEN

4.1 Ursachen, Hintergründe, Aussichten – eine Antwort auf viele dumme Sprüche 75

4.2 „Irrgarten" Arbeitnehmerbesteuerung – gewolltes oder gewachsenes Chaos? 79

4.3 Die leidige „45-Tage-Regelung" – behördlich genehmigte Einladung zum Mißbrauch des Abkommens 89

4.4 Berührungen mit belgischem Recht – das Verwirrspiel geht noch weiter 93

4.5 Aussichten und Ansichten – was bringt die Zukunft? 97

5 WIE DER UMZUG INS NACHBARLAND ZU EINEM BÖSEN ERWACHEN FÜHREN KANN – UND WAS MAN DAGEGEN TUN SOLLTE

5.1 Ungünstige Konstellationen – was man *vor* dem Umzug bedenken sollte 102

5.2 GmbH-Gesellschafter mit Wohnsitz im Nachbarstaat – ein Tabu 105

5.3 Leib-, Betriebs- und Altersrente – Rente ist nicht gleich Rente 109

5.4 Thema „Schwarzgelder" – wie „weiß" werden sie beim Umzug? 112

6 VERMÖGEN UND ERBSCHAFTSTEUER – VON UNTERGEORDNETER BEDEUTUNG?

6.1 Grenzüberschreitende Vermögensteuer aus deutscher Sicht – der richtige Blickwinkel für den Grenzpendler 115

6.2 Vermögensteuer aus niederländischer Sicht – eine unerläßliche Anmerkung zur Anwendung des Doppelbesteuerungsabkommens 118

6.3 Anknüpfungspunkte Erbschaftsteuerrecht – und schon geht der Streit los 120

6.4 Vermeidung der Doppelbesteuerung – ein Beispiel aus deutscher Sicht 123

7 ABKÜRZUNGSVERZEICHNIS 127

8 ANHANG 129

9 REGISTER 135

VORWORT

WARUM DIESES BUCH

Kürzlich hat mich der ostbelgische Abgeordnete Albert Gehlen nach Brüssel ins Parlament eingeladen. Dort sollte ich in Vertretung des erkrankten CDU/CDA/CSP-Freundeskreis-Vorsitzenden, Herbert Weißkirchen, vor einer Gruppe deutscher und belgischer Volksvertreter über die Fragen und Probleme des sog. „Doppelbesteuerungsabkommens“ (DBA) zwischen Deutschland und Belgien referieren. Den konkreten Anlaß für diesen Vortrag bildeten die laufenden Verhandlungen zur Revision dieses 1967 abgeschlossenen Völkervertrages.
Bei dem erwähnten Treffen im Brüsseler Parlament wurde von seiten des bundesdeutschen Finanzministeriums ein anderthalbseitiges Diskussionspapier vorgelegt, welches das überaus komplexe und vielschichtige Thema „Doppelbesteuerung von Grenzpendlern“ auf zwei Teilaspekte verkürzte. In dem ersten Teilaspekt ging es um Grenzgänger, die in Deutschland arbeiten und in Belgien besteuert werden. Für diesen Kreis wurde sehr oberflächlich eine Regelung vorgeschlagen, die auf „Tätigkeitstaatbesteuerung mit Fiskalausgleich“ hindeutete. Der zweite Teilaspekt hob die deutschen Reaktionen zum Thema „Bundesliga-Kicker mit belgischem Wohnsitz“ und „Künstlerbesteuerung“ hervor. Die Art und Weise, wie dieses Thema hier behandelt wurde, führt noch einmal in aller Deutlichkeit vor Augen, wie wenig gerade den offiziellen Stellen die wirklichen Probleme im Dreiländereck bekannt sind und – noch schlimmer – wie wenig sie sich dafür interessieren.
Hier setzt das vorliegende Buch an. Es möchte das umfangreiche Problem der Besteuerung nach dem Wegzug aus Deutschland, das für jeden „Dreiländereckpendler“ enorm wichtig ist, in seinen Grundzügen, seinen Besonderheiten und Widersprüchen unter die Lupe nehmen. Angesprochen ist in erster Linie der Laie, der von den Doppelbesteuerungsabkommen betroffen ist. Deshalb ist hier auch versucht worden, das Thema sprachlich so aufzubereiten, daß es für den Laien verständlich und nachvollziehbar ist. Gleichwohl kommt man nicht umhin, bisweilen auf Steuerfachbegriffe zurückzugreifen. Sie werden aber nur insoweit verwendet, als sie für das Verständnis der Steuerprobleme von Grenzpendlern unerläßlich sind.
Das Buch beschreibt und kommentiert den Steueralltag im Dreiländereck auch im Hinblick auf die Neuregelungen des EStG ab 1996. Es ist demnach *nicht* als ein Nachschlagewerk oder ein Ratgeber gedacht, der (halblegale) Steuertricks anbietet und beispielsweise empfiehlt, „in welchem Land man wie und wodurch am wenigsten Steuern zahlt“. Es handelt sich vielmehr um einen Wegweiser, der „Hilfe zur Selbsthilfe“ geben möchte. Jeder Betroffene

wird in den einzelnen Kapiteln des Buches die Informationen finden, die ihn über seine individuelle steuerliche Situation „aufklären“. Dabei wird jedoch keineswegs der Anspruch erhoben, mit diesem Buch den Beistand des Steuerfachberaters überflüssig zu machen.
Im Anhang sind zu dem Gesamtkomplex „Grenzpendlerbesteuerung“ die wichtigsten steuerrechtlichen Dokumente zusammengestellt. Abschließend noch ein Hinweis für die Lektüre: Steuerrechtliche Fachausdrücke stehen in Anführungszeichen, wichtige Passagen sind durch Kursivdruck hervorgehoben.
Ganz herzlich habe ich zwei „guten Geistern“ zu danken: Nicole Jaust für ihre ebenso einfühlsamen wie kritischen Kommentare, mit denen sie die Erstellung des Manuskripts begleitet hat, sowie Alexandra Halfpap für ihre unerschöpfliche Geduld mit dessen Verschriftlichung. Schließlich gilt mein Dank dem Verleger Hans-Josef Thouet und dem Verlagsteam unter Leitung von Alexander Esser für die engagierte Betreuung bei der Lektorierung des Manuskripts und der Herstellung des Buches.

Hermann Stenten

Aachen und Hauset,
im Dezember 1995

1

WENN NATIONALE STEUERRECHTE AUFEINANDERTREFFEN – MÖGLICHE KOMPROMISSFORMEN BEI DER EINKOMMENSBESTEUERUNG

1.1

Wohnsitzverlegung in den Nachbarstaat – mehr als ein Meldevorgang

Innerhalb Deutschlands geschieht es täglich tausendfach: Der Möbelwagen rattert vollbepackt zum neuen Domizil. Der „Umzügler" teilt dem Einwohnermeldeamt seiner „alten" Gemeinde-(Stadt-)Verwaltung seinen neuen Wohnsitz mit. Dies wird in seinem Personalausweis entsprechend vermerkt, die gesetzlichen Vorschriften sind erfüllt, die Ordnungsbehörden informiert. Gegenüber diesem „innerdeutschen" hat ein Wohnsitzwechsel jenseits der (alten) Staatsgrenze in Richtung Belgien oder Niederlande ganz andere Auswirkungen. Sicherlich rollt der Möbelwagen seit dem Inkrafttreten des Schengener Abkommens so problemlos über die Staatsgrenze wie innerhalb Deutschlands von einer Gemeinde zur anderen. Damit ist aber auch schon das Ende aller Gemeinsamkeiten erreicht. Mit der Einbehaltung des Personalausweises endet die Ansässigkeit des Umzüglers in der Bundesrepublik. Damit erkennt er im Hinblick auf seine steuerliche Situation automatisch an, daß Wohnsitz und Einkommensquelle nunmehr innerhalb zweier verschiedener Staaten liegen. Die praktischen Folgen werden dann auch dem Ahnungslosen schnell vor Augen geführt: So vermißt z.B. der Arbeitnehmer die alljährliche Zusendung der Lohnsteuerkarte durch die „alte" Gemeinde. Den Selbständigen und Freiberufler überraschen neben der Zuteilung einer anderen Steuernummer die Zuteilung an ein anderes Finanzamt. Die Zuständigkeit richtet sich nunmehr ausschließlich nach der örtlichen Belegenheit von Geschäfts- bzw. Praxisräumen. Darüber hinaus findet er in seinem Briefkasten völlig andere Vordrucke zur Einkommensteuererklärung, auf denen unter anderem Fragen gestellt werden, die das Finanzamt bisher nie interessierten, wie etwa solche nach Paßnummer, Staatsangehörigkeit oder nach dem Nachweis über „die Höhe der nicht deutscher Einkommensteuer unterliegenden Einkünfte" durch die ausländische Finanzbehörde. So unterschiedlich die individuelle steuerliche Situation der „Umzügler" auch sein mag – sie fallen allesamt unter die abstrakte juristische Bezeichnung „*Steuerausländer*", die völlig unabhängig von der jeweiligen Staatsbürgerschaft oder Nationalität ist. Mit den konkreten Auswirkungen dieses steuerrechtlichen Status beschäftigen sich die nachfolgenden Kapitel. Soviel sei an dieser Stelle vorweggenommen: Nur derjenige wird vieles, was seine Einkommensbesteuerung betrifft, besser verstehen und realistischer einschätzen können, der sich vor Augen führt, daß er seine bürgerlichen Pflichten als Steuerzahler gleich in zwei Ländern zu erfüllen hat:

- im neuen sogenannten „*Wohnsitzstaat*“ (in dem er wohnt, aber nicht arbeitet) mit den dort erzielten *oder* den evtl. dort zu versteuernden Einnahmen aus einem benachbarten Staat

und

- im sogenannten „*Tätigkeitstaat*“[1] (in dem er arbeitet, aber nicht wohnt), der steuerrechtlich selbst dann ganz andere Maßstäbe anlegt, wenn die gesamten Einkunftsquellen *dort* belegen bleiben.

1 Dasselbe gilt für den „Quellen- oder Belegensheitstaat“.

1.2

Das Problem „Doppelbesteuerung" – eine zwangsläufige Folge

Das neue Heim in Belgien bzw. den Niederlanden ist bezogen, die Wohnsitzverlegung auch amtlich bestätigt. Unverändert hingegen blieb die „örtlich-staatliche Belegenheit“ der Einkunftsquellen, aus denen der Lebensunterhalt bestritten wird: Die Firma des Arbeitgebers liegt weiter in Aachen, ebenso die Betriebsstätte des Unternehmers, das Mietobjekt oder die Praxis des Freiberuflers. Die Rente fließt weiterhin von der Düsseldorfer LVA oder der Berliner BfA zur Aachener Sparkasse, die auch die Zinsen auf dem Sparbuch gutschreibt. Besitzern von Großbetrieben wie Rentnern stellt sich nun gleichermaßen die auf die individuelle Situation bezogene „Gretchenfrage“: *Welcher* Staat soll oder darf denn jetzt *welche* Einkünfte besteuern?
In vorschnellen Antworten auf diese Frage wird häufig ein Katalog „klarer Lösungen“ einschließlich der passenden Begründungen präsentiert. Um das Kernproblem näher einzukreisen, wollen wir zunächst die im Dreiländereck am häufigsten anzutreffenden Antworten auf die Ausgangsfrage vorstellen:

1. Antwort

Es ist doch klar, daß nur in dem Staat besteuert werden kann, in dem der Betreffende wohnt (Wohnsitzstaat[2]). Dort liegt der Mittelpunkt des Lebens und dort werden z.B. die kommunalen Infrastrukturen genutzt.

2. Antwort

Es ist doch klar, daß nur in dem Land besteuert werden kann, wo die Quelle sprudelt, d.h. wo die Betriebsstätte liegt bzw. der Arbeitgeber oder die (zinsgutschreibende) Bank Sitz und Geschäftseinrichtung haben. Die von dort an den Steuerausländer[3] fließenden Einkünfte stehen in unmittelbarem Zusammenhang mit dem Bruttosozialprodukt des (deutschen) „Belegenheit- oder Quellenstaats“[4].

3. Antwort

Es ist doch klar, daß mit Arbeitslöhnen ganz anders verfahren werden muß als mit allen anderen Einkünften, die man natürlich am besten dort besteuern sollte, wo sie der Betroffene verlebt – also im Wohnsitz-

2 Zum Begriff vgl. Kap. 1.1
3 Zum Begriff vgl. Kap. 1.1
4 Zum Begriff vgl. Kap. 1.1

staat. Denn ein nicht im Tätigkeitstaat ansässiger Arbeitnehmer nimmt dem inländischen Kollegen den Arbeitplatz weg. Und dafür muß als Mindestausgleich der Tätigkeitstaat[5] die Steuern zugesprochen bekommen.

4. Antwort

Es ist doch klar, daß beide betroffenen Länder „halbe-halbe“ machen müssen. Das ist einfach und gerecht. Der (deutsche) Belegenheit-, Quellen- oder Tätigkeitstaat sollte die Steuern komplett einziehen und dann die Hälfte nach Den Haag oder Brüssel überweisen. Für die Verwaltungsarbeit sollten die steuererhebenden (deutschen) Finanzämter einen entsprechenden Ausgleich erhalten.

5. Antwort

Es ist doch klar, daß wir im vereinten Europa wegen der Einkommensbesteuerung keinen Disput mit Belgien oder den Niederlanden beginnen. Die Steuern fließen letztlich doch in der großen EU-Kasse zusammen. Die bislang zuständige (deutsche) Finanzverwaltung sollte einfach so tun, als habe ein Wohnsitzwechsel nicht stattgefunden. 40 Jahre nach Gründung der EWG darf es steuerlich keine Rolle mehr spielen, ob der Wohnsitz jetzt in Vaals, Raeren oder Aachen liegt.

6. Antwort

Es ist doch klar, daß sich angesichts stabiler Verhältnisse innerhalb der EU jedermann *das* Land aussuchen wird, in dem er Steuern zahlen will. Die im EU-Vertrag garantierte Niederlassungsfreiheit läßt schon in Verbindung mit dem Diskriminierungsverbot nicht zu, daß von oben verfügt wird, *wo* jemand seine Einkommensteuer zu zahlen hat. Selbstverständlich müssen beide beteiligten Staaten einen Kontrollmechanismus entwickeln, der verhindert, daß jemand in *keinem* Land Steuern zahlt.

Trotz bzw. aufgrund ihres plakativen Charakters haben diese Antworten unter den Grenzpendlern viele Verfechter. Deswegen soll an dieser Stelle – zumindest andeutungsweise – einiges richtiggestellt werden:

---

5 Zum Begriff vgl. Kap. 1.1

Zur 1. Antwort

Verfechter der ausschließlichen Wohnsitzstaatbesteuerung verkennen drei wesentliche Fakten: Zum einen führt es häufig zu unbefriedigenden Ergebnissen, Einkünfte aus Quellen des „anderen" Staates einfach zu Besteuerungszwecken im Wohnsitzstaat zu übernehmen: Die systematische Berechnung vom „Brutto" (= Ein*nahmen*) hin zum „zu versteuernden Betrag" (= Ein*künfte*) ist von Land zu Land unterschiedlich. So wird z.B. vor dem Blick in die Steuertabelle in Belgien der Arbeitslohn um den vollen Arbeitnehmeranteil zur Sozialversicherung gekürzt! Ähnlich verhält es sich bei der Gewinnermittlung, bei der etwa der Gesamtkomplex „Absetzung für Abnutzung" (Afa) alleine im Dreiländereck stark differiert. Zum anderen kann der Tätigkeit- bzw. Belegenheitstaat gegenüber dem Ausfall von Steuereinkünften auf den inneren Zusammenhang von Einkommen und Bruttosozialprodukt verweisen. Und wer könnte schließlich verstehen, daß z.B. sämtliche Arbeitslöhne, die die Unternehmergewinne mindern, „zusätzlich" einen Totalausfall der Steuereinkünfte bewirken?

Zur 2. Antwort

Das spiegelbildliche Extrem zu Nr. 1: Der Wohnsitzstaat, der dem Umgezogenen im Laufe der Zeit Heimat und auf kommunaler Ebene Bezugspunkt werden sollte, geht bei der Einkommensbesteuerung völlig leer aus. Wer einmal 25 Jahre in Belgien gelebt und aufgrund bestehender internationaler Vorschriften[6] dort keinen Franken Steuern von seinem Einkommen gezahlt hat, vermag vielleicht Schamgefühle gegenüber den alteingesessenen Einheimischen nachempfinden, die ja de facto für die „Zugezogenen" mitbezahlen.

Zur 3. Antwort

Die Forderung, Arbeitsplätze im jeweiligen Land nur aus dem eigenen, nationalen Arbeitsmarkt zu besetzen, ist angesichts der – auf dem Papier – nahezu vollzogenen politischen Union in Europa unzeitgemäß. Abgesehen davon gibt es zwischen Deutschland und Belgien die Praxis, die Löhne im Tätigkeitstaat völlig steuerfrei zu belassen und dann im (bel-

6 Vgl. Kap. 1.3

gischen) Wohnsitzstaat der Besteuerung zuzuführen. Merkwürdigerweise arbeiten beide Seiten derzeit im Zuge der Abkommensrevision auf eine Abschaffung der seit 1967 praktizierten Fiskalordnung hin.

Zur 4. Antwort

Von einem EU-Haushalt als Ersatz für die nationalen Budgets sind wir noch sehr weit entfernt. Hinzu steht dem „halbe-halbe-Machen" die nahezu unüberwindliche Schwierigkeit beim Auffinden eines Verteilerschlüssels entgegen: wie schon in der Anmerkung zur 1. Antwort angedeutet, erkennen wir alleine zwischen Deutschland und den Benelux-Staaten einen völlig unterschiedlichen Aufbau des Steuertarifs, vom Grundfreibetrag bis hin zum Spitzensatz. Selbst bei enormem Verwaltungsaufwand erscheint eine gerechte Teilung des Steueraufkommens zweifelhaft.

Zur 5. Antwort

Es wird die Tatsache unterschlagen, daß die europäische Landkarte trotz überaus erfreulicher politischer Entwicklungen immer noch von souveränen Staaten geprägt ist. Sie alle haben z.B. ihre eigenen, gewachsenen Rechte – auch im Bereich Einkommensbesteuerung. Abgesehen davon müssen sich die „Vordenker" der europäischen Entwicklung sagen lassen, daß auch nach der Verlegung des Wohnsitzes in den benachbarten Staat weiterhin *dessen* hoheitliche Ansprüche für die deutsche Finanzverwaltung verbindlich sind. So zu tun, als sei der Wohnsitzwechsel gar nicht geschehen, ist gegenwärtig noch reines Wunschdenken.

Zur 6. Antwort

Auch zu der Option „jeder zahlt, wo er will" werden Steuerberater durchaus ernsthaft angesprochen. In Grenzpendlerkreisen gibt es dafür schon lange den Begriff des „Rosinenpickens", d.h. für sich selbst die vorteilhaftesten Lösungen zusammenzustellen, denen die Finanzbehörden dann zustimmen müßten. Wir werden an anderer Stelle sehen, daß gewisse deutsche Regelungen im Zusammenhang mit den neuen „Grenzpendlergesetzen"[7] leider in diese Richtung weisen und vorteilhafte Gestaltungsmöglichkeiten bereitstellen, von denen ein „Steuer-

7 Vgl. Kap. 3

inländer" ausgeschlossen bleibt. Im zwischenstaatlichen Verkehr der Fiskalbehörden bleibt allerdings die Initiative bei den jeweiligen Gesetzgebern – und diese werden der auf den eigenen Vorteil bedachten Maxime von Steuerbürgern nicht stattgeben.

Die zitierten Antworten auf die Ausgangsfrage (welcher Staat soll oder darf welche Einkünfte besteuern?) kreisen alle um das Kernproblem, ohne es expressis verbis auf den Punkt zu bringen: wie kann eine Doppelbesteuerung, d.h. für dieselben Einkünfte in *beiden* Staaten Steuern zu zahlen, vermieden werden?
Hinter dem Begriff „Doppelbesteuerung" stehen jene völkerrechtlichen Verträge, die „Doppelbesteuerungsabkommen" (DBA) heißen, wobei diese Bezeichnung insofern irreführend ist, als mit diesen Abkommen ja gerade eine Doppelbesteuerung verhindert werden soll. Die Bundesrepublik hat mit einer Reihe von Staaten ein DBA abgeschlossen. Die mit unseren Nachbarstaaten Niederlande (1957, Zusatzprotokoll 1980) und Belgien (1967) geschlossenen Abkommen werden im Folgekapitel ausführlicher behandelt.

1.3

Die beiden Doppelbesteuerungsabkommen mit Belgien und den Niederlanden – Gesamtkonzept und wichtige Details

Schon die Staaten des sog. Völkerbundes hatten vor dem 2. Weltkrieg Entwürfe für internationale Verträge konzipiert. Zielsetzung war damals, über bilaterale Übereinkünfte einen wirksamen Schutz gegen die *gleichzeitige* Steuerbeanspruchung durch den Staat der Ansässigkeit einer Person („Wohnsitzstaat“[8]) und den der Belegenheit des Einkommens (Quellen- bzw. Belegenheitstaat[9]) zu erreichen. Einig war man sich darin, daß grundsätzlich der Wohnsitzstaat solange das Besteuerungsrecht behalten sollte, wie nicht das Einkommen von Art und Herkunft her ausschließlich dem „anderen“ Staate zuzuordnen ist. Im Jahre 1963 legte dann schließlich die OECD ein sog. Musterabkommen vor, das – in der 1977 revidierten Fassung – bis heute für sämtliche DBA auf der Welt maßgeblich ist. Die beiden Abkommen mit den Niederlanden (1959) und Belgien (1967) sind etwa zur gleichen Zeit ratifiziert worden wie das OECD-Musterabkommen (OECD-MA). Deutlich zeichneten sich schon 1959 in dem deutsch niederländischen Vertrag die Konturen des bis heute noch für sämtliche DBA-Abschlüsse maßgeblichen OECD-Textes ab. Das Abkommen mit Belgien enthält neben der engen Anlehnung an den OECD-Text spezifische Varianten im Bereich der Arbeitnehmerbesteuerung, die schon fast 30 Jahre gültig sind. Das deutsch-niederländische DBA wurde durch das sog. Zusatzprotokoll vom Januar 1980 speziell hinsichtlich der Arbeitnehmerbesteuerung revidiert.

Diese Revision gilt bis heute als eine europäische Pionierleistung, die den deutschen Gesetzgeber 15 Jahre später nach einem Urteil des Europäischen Gerichtshofes (EuGH) zur völligen Umorientierung seiner Besteuerungspraxis der Nichtansässigen zwingt.[10] *Dieser neuen Besteuerungspraxis widmet sich das dritte Kapitel. Das Zusatzprotokoll von 1980 gilt ab 1996 nicht mehr. Sein Inhalt wurde in modifizierter Form ins deutsche Einkommensteuergesetz (EStG) übernommen. Die Bedeutung der dort vollzogenen radikalen Änderungen wird im Rahmen der Ausführungen zur beschränkten Steuerpflicht noch ausführlicher in Kap. 2.1 behandelt.*

---

8 Vgl. Kap. 1.1

9 Vgl. Kap. 1.1

10 Dieses Urteil v. 14.02.1995 (Az.: C 279/93), das bereits in die Geschichte des deutschen Steuerrechts eingegangen ist, erstritt übrigens ein belgischer Arbeitnehmer aus Eupen, der durch den Aachener Steuerberater Prof. Kaefer vertreten wurde.

Im Aufbau gleichen sich beide Abkommen mit den Nachbarstaaten sehr. Zwei große Abschnitte regeln im einzelnen

- die Zuteilung des Besteuerungsrechts an einen der Vertragsstaaten unter genauer Bezeichnung der Einkunftsart;
- die Verfahrensweise des Wohnsitzstaates mit Einkünften, für die (auch) dem Quellenstaat ein Besteuerungsrecht konzediert wurde.

In der nachstehenden Übersicht wollen wir zunächst den ersten Abschnitt angehen.

Die wichtigsten Einkunftsarten und ihre „Verteilungsnorm"

Bezeichnung der Einkunftsart im jeweiligen Abkommen	Darunter versteht das deutsche Einkommensteuerrecht	das deutsch-belg. DBA vergibt das Best.-Recht gem. Art. ... an ...	das deutsch-niederl. DBA vergibt das Best.-Recht gem. Art. ... an ...
Einkünfte aus unbeweglichem Vermögen	z.B. Veräußerung von Anteilen oder gewerbl./freiberufl. Einkünften gem. §§ 15, 16 EStG	Art. 6 Belegenheitstaat	Art. 4 Belegenheitstaat
Einkünfte aus Gewerbebetrieb/ aus Unternehmergewinnen	Einkünfte aus Gewerbebetrieb gem. § 15 EStG	Art. 7 Belegenheitstaat	Art. 5 Belegenheitstaat
Einkünfte aus Dividenden	Einkünfte aus Kapitalvermögen gem. § 20 Abs. 1 EStG	Art. 10 Wohnsitzstaat jedoch 15 % Abzug im Quellenstaat	Art. 13 Wohnsitzstaat, ohne Quellenstaatbesteuerung
Einkünfte aus Zinsen	Einkünfte aus Kapitalvermögen gem. § 20 Abs. 4 und 5 EStG	Art. 11 Wohnsitzstaat	Art. 14 Wohnsitzstaat

Einkünfte aus Lizenzgebühren	z.B. gewerbl. Einkünfte oder sonstige Einkünfte gem. §§ 15, 22 EStG	Art. 12 Wohnsitzstaat, wenn nicht durch Betriebsstätte im anderen Staat erzielt	Art. 15 Wohnsitzstaat, wenn nicht durch Betriebsstätte im anderen Staat erzielt
Einkünfte aus Veräußerung von Anteilen an Kapitalgesellschaften	z.B. Einkünfte aus Gewerbebetrieb oder Kapitalvermögen gem. §§ 15, 20 EStG	Art. 13 Abs. 3 Wohnsitzstaat, jedoch Betriebsstättenvorbehalt	Art. 8 u. Art. 13 Abs. 2 Wohnsitzstaat jedoch Betriebsstättenvorbehalt
Einkünfte aus selbständiger Arbeit	freiberufliche/selbständige Tätigkeit gem. § 18 EStG	Art. 14 und 17 Wohnsitzstaat, wenn nicht durch feste Einrichtung im anderen Staate erzielt	Art. 9 Wohnsitzstaat, wenn nicht durch feste Einrichtung im anderen Staate erzielt
Einkünfte aus unselbständiger Tätigkeit	Einkünfte der Arbeitnehmer gem. § 19 EStG	Art. 15 Tätigkeitsstaat mit Grenzgängerklausel	Art. 10 Tätigkeitstaatbesteuerung
Einkünfte aus Aufsichtsratvergütungen	z.B. gewerbl. Einkünfte/Arbeitnehmereinkünfte gem. § 15, 19, EStG	Art. 16 Sitzstaat der Gesellschaft	Art. 9 Abs. 4 Sitzstaat der Gesellschaft
Einkünfte von Künstlern/Sportlern	z.B. freiberufl./gewerbliche Einkünfte gem. § 15, 18 EStG	Art. 17 Tätigkeitstaat	Art. 9 Abs. 2 Tätigkeitstaat
Einkünfte aus Ruhegehältern	sonstige Einkünfte gem. § 22 EStG	Art. 19 Wohnsitzstaat	Art. 11 Wohnsitzstaat
Öffentlicher Dienst	Arbeitnehmereinkünfte z.B. gem. § 19 EStG	Art. 19 Kassenstaat	Art. 11 Kassenstaat
Studenten	–	Art. 20 Ausschluß: Staat der Studienausübung	Art. 18 Ausschluß: Staat der Studienausübung
Einkünfte aus nicht ausdrücklich erwähnten Einkünften (= Auffangklausel)	evtl. sonstige Einkünfte gem. § 22 EStG	Art. 21 Wohnsitzstaat, wenn nicht durch Betriebsstätte erzielt	Art. 16 Wohnsitzstaat, wenn nicht durch Betriebsstätte erzielt

Bei dieser tabellarischen Aufstellung fallen zwei Eigentümlichkeiten ins Auge:

1. *Die Bezeichnung der Einkunftsarten in den beiden DBA auf der einen und im deutschen (sowie im niederländischen und im belgischen) EStG auf der anderen Seite ist nicht immer identisch.*

   Erläuterung:

   Ein zwischenstaatlicher Vertrag kann sich von seinem Selbstverständnis her nicht über Rechtsdefinitionen des einen oder anderen Partners hinwegsetzen. Dieser Tatsache trugen die Verfasser des erwähnten OECD-Musterabkommens dadurch Rechnung, daß sie es auch als Vertragsvorlage z.B. für Partner grundverschiedener Kulturkreise konzipierten. Der in der unterschiedlichen Auslegung der Einkunftsarten liegende Konfliktstoff ist in der Praxis viel geringer als vermutet. Den Vertragspartnern reicht hier in der Regel die Orientierung an den breit ausgeführten Erläuterungen zu wichtigen Begriffen wie z.B. „Betriebsstätte" und „Ansässigkeit" in einem eigenen Abkommensartikel (Art. 2 DBA Niederlande, Art. 3 DBA Belgien).

2. *Die Verteilung der Steuergüter erfolgt nicht immer strikt jeweils an den Wohnsitz- **oder** den Quellenstaat. Letzterer behält in manchen Fällen ein begrenztes Besteuerungsrecht selbst dann, wenn dieses eigentlich dem Wohnsitzstaat zusteht.*

   Erläuterung:

   Wir werden im nächsten Kapitel (zum Thema „Progressionsvorbehalt") erkennen, daß der Wohnsitzstaat selbst dann nie „leer" ausgeht, wenn außer den Besteuerungsgütern, die ihm eh zustehen, auch solche im anderen Staate vorhanden sind. Außerdem arbeiten die DBA nicht nach dem Entweder-oder-Muster. Sie unterscheiden vielmehr vier Konstellationen:

   a) völlige Aufrechterhaltung der Quellenstaatbesteuerung (praktisch nur möglich bei völlig fehlender Besteuerungsmasse im Wohnsitzstaat), z.B. für Aufsichtsratsvergütungen und Gehälter aus öffentlichen Kassen;

b) Beschränkung der Besteuerungs*grundlage* im Quellenstaat, z.B. bei Unternehmensgewinnen im Falle der „Erfordernis der Bestriebsstättenbelegenheit“. Dies gilt auch für selbständige ebenso wie (eingeschränkt) für unselbständige Tätigkeit;

c) Begrenzung der Steuerhöhe im Quellenstaat bei gleichzeitiger Festschreibung des Besteuerungsrechtes an den Wohnsitzstaat, z.B. bei Dividenden;

d) völlige Aufhebung der Quellenstaatbesteuerung, z.B. in den Fällen des Wegfalls der dortigen Besteuerungsgrundlage (siehe b)) sowie bei Zinsen.

Das hier sichtbar werdende Problem einer „Kollisionsnorm“ taucht im internationalen Steuerrecht häufig auf. Es rührt aus der uns bereits bekannten Bestimmung, die hier nun genauer in den Blick zu nehmen ist: „Der Wohnsitzstaat hat grundsätzlich den Zugriff auf das Welteinkommen, d.h. auf *alle* Einkünfte gleich welcher staatlichen Herkunft!“ Der Laie wird sich hier fragen, warum denn überhaupt ein DBA erforderlich ist. Dies wird deutlicher durch den einschränkenden Zusatz. „... es sei denn, das DBA weist das Besteuerungsrecht an einen anderen Staat“ und durch einen weiteren nachgeschobenen Nebensatz. „... aber auch dann muß der Wohnsitzstaat immer entschädigt werden.“ Wie dies praktisch umgesetzt werden soll, behandelt jener oben angeführte zweite DBA-Abschnitt sowohl im DBA Belgien wie im DBA Niederlande in nur einem einzigen Artikel (Nr. 23 bzw. 20). Darüber informiert ausführlicher das zweite Kapitel. Zur Vervollständigung der allgemeinen Information über den Aufbau der DBA sei abschließend noch ein Block von Vorschriften erwähnt. Er setzt sich zusammen aus Regelungen zum Informationsaustausch, zum Verständigungsverfahren sowie zum Diskriminierungsverbot (z.B. bez. der Auslegung der DBA nach Staatsangehörigkeit).

Nach diesem Einstieg in den Komplex „Doppelbesteuerungsabkommen“ können wir resümierend festhalten:

> Das DBA verteilt die Besteuerungsgüter auf Wohnsitz- oder Belegenheitstaat bzw. begrenzt das Besteuerungsrecht des letzteren.

- Die Bezeichnung der Einkunftsarten im DBA kann durchaus von derjenigen im jeweiligen nationalen Einkommensteuergesetz abweichen. Die DBA-Definitionen orientieren sich im wesentlichen an (international) gewachsenen Begriffsinhalten, z.B. für „Ansässigkeit“ und „Betriebsstätte“, wie sie auch im OECD-Musterabkommen niedergelegt sind.

- Es kann nicht der Sinn eines DBA sein, dem einen oder anderen Vertragsstaat Modalitäten für die dort vorzunehmende Besteuerung aufzuzwingen. Der *eine* Vertragsstaat kann sogar auf deren Durchführung verzichten, ohne daß der *andere* Staat daraus ein Besteuerungsrecht für sich ableiten kann.

- Liegt das Besteuerungsrecht für einzelne Einkunftsarten verstreut bei *beiden* Vertragsstaaten, dann kann das Abkommen die Doppelbesteuerung in der Regel nicht gänzlich verhindern, sondern nur abmildern. Der Grund dafür liegt in der bleibenden Zugriffsmöglichkeit des Wohnsitzstaates über den sog. Progressionsvorbehalt[11].

11 Vgl. im vorliegenden Kapitel den „DBA-Abschnitt Nr. 2“ sowie Kap. 2

1.4

Das nationale Einkommensteuergesetz – die Vorgaben aus dem Doppelbesteuerungsabkommen werden umgesetzt

Die Vorrangigkeit des DBA gegenüber den jeweiligen nationalen Einkommensteuergesetzen der deutschen, belgischen und niederländischen Partner ergibt sich zwangsläufig aus dem Sinn des Abkommens als Verteilungsnorm des Besteuerungsrechtes. Diese Hierarchie schlägt sich auch immer in den nationalen Vorschriften nieder. In Deutschland sagt dazu der § 2 der Abgabenordnung (AO) klipp und klar: „Völkerrecht geht allen deutschen Gesetzen vor.“ So ist es nur konsequent, daß wir bei der Lösung eines grenzüberschreitenden steuerlichen Sachverhaltes *zuerst* das DBA befragen. Bestehen über die Zuordnung eines Steuergutes zu einer Einkunftsart (im Sinne des Abkommens) *und* die Vergabe der Besteuerungsberechtigung an den einen oder anderen Staat keine Zweifel mehr, dann kann die Besteuerung nach den Vorschriften des nationalen Einkommensteuergesetzes erfolgen.
Nehmen wir einmal an, daß Deutschland der gemäß DBA-Entscheid steuerhebeberechtigte Vertragspartner ist. Er ist dann entweder Wohnsitzstaat oder Belegenheitstaat. Im ersten Fall ist der betreffende Bürger deutscher Steuerinländer mit Wohnsitz und/oder gewöhnlichem Aufenthalt[12] innerhalb Deutschlands. Was ihn von dem „normalen Steuerzahler“ unterscheidet sind alleine seine Einkünfte, die aus den Niederlanden oder Belgien stammen. Hier muß nun innerhalb der Kategorie des Wohnsitzstaates nochmals differenziert werden – wie die folgende Graphik zu verdeutlichen sucht.

12 Vgl. Kap. 2

Der deutsche Steuerinländer (*Wohnsitzstaat* D)
bezieht Einkünfte aus D *und* B oder NL.
Auf die Einkünfte aus B oder NL hat das Besteuerungsrecht ...

A

... allein der deutsche Wohnsitzstaat

Einkünfte (z.B.):
Zinsen vom Sparbuch bei Eupener Bank; Betriebsrente des ehemaligen Arbeitgebers in Eindhoven (NL)

B

... allein der belgische oder niederländische Quellenstaat

Einkünfte (z.B.):
gewerblicher Unternehmensgewinn in Verbindung mit in Gent belegener Betriebsstätte; Gehalt für Arbeitnehmertätigkeit bei Philips in Eindhoven.

FOLGE

Die Besteuerung dieser Einkünfte unterscheidet sich nicht von der Besteuerung des Beziehers ausschließlich aus D stammender Einkünfte (= „deutscher Normalsteuerzahler"). § 1 Absatz 1 EStG kommt uneingeschränkt zur Anwendung: Die in- und ausländischen Einkünfte werden schlicht addiert. Nach Abzug der sich an den persönlichen Verhältnissen des Betreffenden orientierenden Ermäßigungen (Sonderausgaben, Kinderfreibeträge etc.) ergibt sich das „zu versteuernde Einkommen". Es erfolgt die Steuerfestsetzung nach Grund- oder Splittingtabelle. Im anderen Staate (Herkunftsland der Einkünfte) geschieht nichts.

Auf die ausländischen Einkünfte trifft das Universalprinzip[13] nicht mehr zu. Für diese Einkünfte und das dem anderen Staate (B/NL) zugesprochene Besteuerungsrecht wird der deutsche Wohnsitzstaat über den Progressionsvorbehalt[14] entschädigt. Bei dem Steuerbescheid aus Gent oder Eindhoven bleibt es jedoch nicht. Die im belgischen/niederländischen Quellenstaat bereits regelrecht besteuerten Einkünfte werden dem § 32 b EStG[15] in Verbindung mit Art. 20 DBA NL bzw. Art. 23 DBA Belgien in das deutsche Besteuerungsverfahren nochmals mit einbezogen.

Fallbeispiel:

Steuerpflichtige Einkünfte in D:	DM 100.000
Einkünfte aus Belgien:	DM 30.000 (umgerechnet)

Steuerlast insgesamt[16]:

bei Typ A	DM 32.300
bei Typ B	DM 31.100

13 Vgl. Kap. 1.3
14 Vgl. Kap. 2
15 Vgl. Kap. 2
16 Steuertabellen aus 1994, Steuerpflichtiger verheiratet ohne Kinder.

Fazit: Je höher die aus Belgien oder Niederlanden stammenden Einkünfte sind, um so günstiger wird sich der Wohnsitzstaat-Besteuerungstyp „A" auswirken. Der Grund liegt in dem – gegenüber der Bundesrepublik Deutschland – erheblich steileren Progressionsverlauf im Steuertarif unserer Nachbarn.

Die wichtigste Erkenntnis lautet:

> *„A" und „B"* spiegeln sozusagen als Prototypen die *unbeschränkte Steuerpflicht* in ihrem gesamten Spektrum. Diese ist zweifelsfrei die gängigste von vier Formen der sogenannten persönlichen Steuerpflicht[17].

Schon das Adjektiv „unbeschränkt" drückt den Umfang des fiskalischen Zugriffs aus: Wir erinnern uns an jenen Satz, der uns im vorangegangenen Kapitel im Zusammenhang mit dem Universalprinzip beschäftigte: „Der Wohnsitzstaat hat den Zugriff auf das Welteinkommen". Mit dem Begriff der unbeschränkten Steuerpflicht setzt *der deutsche Gesetzgeber* im *§ 1 Absatz 1 EStG die DBA-Vorgabe „Wohnsitzstaat"* in nationales Recht um. An die unbeschränkte Steuerpflicht sind wichtige Rechtsfolgen geknüpft. Sie werden uns in einem eigenen Kapitel (2.1) beschäftigen.
Wenden wir uns nun der Rolle Deutschlands als Belegenheitstaat zu. Der tabellarischen Übersicht in Kap. 1.3 entnehmen wir die Zuteilung des Besteuerungsrechtes sowohl im niederländischen wie im belgischen DBA für gewerbliche wie freiberufliche Tätigkeiten (soweit sie an eine inländische Betriebsstätte gebunden sind), Bezüge aus öffentlichen Kassen, Einkünfte aus unbeweglichen Vermögen und Aufsichtsratsvergütungen an den Belegenheitstaat. Aus deutscher Sicht nimmt hier das jeweilige DBA eine massive *Einschränkung* hinsichtlich der Zugriffsmöglichkeiten vor – zumindest dann, wenn man diese am „inländischen Normalsteuerzahler" mißt. Gleichwohl hat dies das deutsche EStG in seinen § 49 aufgenommen: Die dort vorgenommene Katalogisierung von beschränkt „steuerpflichtigen Einkünften" lehnt sich eng an jene Definition der DBA. Dies erfolgt in der Weise, daß die im deutschen Einkommensteuerrecht[18] verankerten sieben klassischen Einkunftsarten zugleich auch interpretiert werden. So liest sich dann z.B. der ur-

17 Vgl. Kap. 2.1
18 Vgl. § 2 EStG

sprünglich abstrakte Begriff der „Einkünfte aus Gewerbebetrieb" im § 49 EStG mit dem Textzusatz „... für den im Inland eine Betriebsstätte unterhalten oder ein ständiger Vertreter bestellt ist". Oder bei der Erwähnung von „Einkünften aus Vermietung und Verpachtung" (so lautet die Einkunftsart bei ihrer Ursprungspräsentation im EStG) folgt im § 49 EStG die Einschränkung „... wenn das unbewegliche Vermögen, die Sachinbegriffe oder Rechte im Inland belegen oder in ein inländisches öffentliches Buch eingetragen sind ...". Es fällt auf, daß sich der deutsche Gesetzgeber hier bewußt einer Formulierung bedient, die sich um eine sinngemäße Angleichung an die entsprechenden DBA-Passagen bemüht. Wo völlige Übereinkunft in der Beurteilung materiellen Rechts besteht, „verhält" sich das EStG konsequent – eindrucksvoll erkennbar an der Behandlung der Zinsen vom „normalen" Sparbuch, deren Besteuerung alle gängigen DBA dem Wohnsitzstaat belassen. Vergeblich forscht der dort Ansässige in den deutschen Vorschriften für beschränkt Steuerpflichtige nach einer Erwähnung solcher Kapitalerträge.
Die an die beschränkte Steuerpflicht geknüpften Rechtsfolgen werden noch eigens besprochen (Kap. 2.1). Im Gegensatz zur unbeschränkten Steuerpflicht kann es bei der Besteuerung der Nichtansässigen (nichts anderes sind ja „beschränkt steuerpflichtige Personen") nicht den Prototypen „A" und „B" geben: Sie beläßt es unter genauer Einhaltung der vom DBA begrenzten Zugriffsmöglichkeit auf die Feststellung zugewiesener Einkünfte. Die Verhältnisse im anderen Staate – sei es der Wohnsitzstaat oder gar ein weiterer Belegenheitstaat – sind hier ohne Bedeutung.
Wir haben die unbeschränkte und die beschränkte Steuerpflicht in ihrer wichtigen Funktion als Ausführungsbestimmungen internationaler Verträge kennengelernt.
Bei der Beschäftigung mit den Neuregelungen zur Grenzpendlerbesteuerung[19] werden wir erfahren, wie achtlos der deutsche Gesetzgeber insbesondere mit den aufgezeigten Kriterien der beschränkten Steuerpflicht umgegangen ist.

---

19 Vgl. Kap. 3

2

STEUERFACHSPRACHE IN GRUNDZÜGEN – „ÜBERSETZT“ FÜR DEN LAIEN

2.1

Unbeschränkte und beschränkte Steuerpflicht – und die rechtlichen Folgen

Für Deutschland wie auch für Belgien und die Niederlande gilt gleichermaßen: *Unbeschränkt steuerpflichtig* ist eine in einem dieser Staaten ansässige Person mit ihren in- und ausländischen Einkünften (wir erinnern uns an den „Zugriff des Wohnsitzstaates auf das Welteinkommen"!), soweit dieser Besteuerungsform kein Doppelbesteuerungsabkommen entgegensteht. Mit diesem weitreichenden *Recht* einher geht die *Pflicht*, die jeweiligen persönlichen Verhältnisse zu berücksichtigen, wie Familienstand, Kinderzahl, private Versicherungsleistungen, dauernde Lasten, Körperbehinderung, Unterstützungsleistungen – um nur die wichtigsten zu nennen. Die deutsche Finanzverwaltung gewährt darüber hinaus ihren verheirateten Steuerpflichtigen im *Splittingtarif* eine – gegenüber dem Nichtverheirateten – niedrigere Belastungsform. Die Unterscheidung von Grund- und Splittingtarif erfährt der Arbeitnehmer besonders deutlich in seiner Einteilung in Steuerklasse I (Nichtverheiratete) bzw. Steuerklasse III (Verheiratete).
Bei einem *beschränkt Steuerpflichtigen* kann es sich immer nur um eine in dem betreffenden Staat nichtansässige Person handeln. Dabei übt eine DBA-Partei ihr Besteuerungsrecht als Belegenheit- bzw. Quellenstaat aus. Die Reduzierung des *Rechts*umfanges gegenüber dem Wohnsitzstaat wirkt sich entsprechend auf die *Pflichten* gegenüber dem einzelnen Steuerbürger aus: auf dessen persönliche Verhältnisse braucht der Fiskus keinerlei Rücksicht zu nehmen. Speziell der deutsche tut sich – zumindest bis zum gegenwärtigen Zeitpunkt[20] – diesbezüglich weltweit durch einen besonders rigorosen Umgang mit den Nichtansässigen hervor. Die Vorschriften der §§ 50, 50a EStG grenzen die beschränkt Steuerpflichtigen nahezu von allen Erleichterungen aus, deren die deutschen Steuerinländer teilhaftig werden können. Es kommt zur sogenannten „objektcharakterähnlichen Besteuerung". Dabei wird zunächst die Höhe der Einkünfte ermittelt – allerdings nur derjenigen, die im DBA erwähnt werden. Auf diese Einkünfte wird dann *unmittelbar* die Steuertabelle mit dem *Grundtarif* angewendet. Verschärfend kommt noch hinzu, daß auch auf geringe Einkünfte ein Mindeststeuersatz von 25% erhoben wird.
Weil der deutsche Gesetzgeber sein „Verhalten" gegenüber den beschränkt Steuerpflichtigen ab 1996 in Grundsätzen völlig neugestaltet hat[21], wird auf

20 Ab 1996 gelten weitgehend „gelockerte" Vorschriften; vgl. hierzu Kap. 3.
21 Vgl. dazu Kap. 3

die bis dato gültige zahlenmäßige Darstellung des Unterschieds zwischen beschränkter und unbeschränkter Steuerpflicht an dieser Stelle nur kurz eingegangen werden. Dennoch ist diese Gegenüberstellung nicht unwichtig – etwa für Vergleiche mit den Auswirkungen der neuen Vorschriften. So kann man fragen, was die Nichtberücksichtigung der persönlichen Verhältnisse bei beschränkt Steuerpflichtigen unter dem Strich an Belastungen im Vergleich zum deutschen Steuerinländer (also dem unbeschränkt Steuerpflichtigen) bedeutet. Dabei zeigt sich, daß individuelle Aussagekraft solcher Berechnungen sehr wohl eine Entscheidungshilfe für solche Grenzpendler sein kann, die sich für den Veranlagungszeitraum 1995 in Richtung „Pendlergesetz" (§ 50 Abs. 4 EStG) oder gar für zeitlich weiter zurückliegende Kalenderjahre in Richtung neugestaltetes EStG (§§ 1a, 1 Abs. 3 EStG in der Fassung von 1996) orientieren wollen. Wer an weiter zurückliegende Veranlagungszeiträume „heran" will, muß jedoch berücksichtigen, daß noch keine Steuerbescheide vorliegen dürfen *oder* daß diese nicht rechtskräftig sind.[22]

Die Steuerlast beträgt für einen beschränkt steuerpflichtigen verheirateten Alleinverdiener (2 Kinder, davon eines älter als 18 Jahre im Ausbildungsverhältnis, 12.000 DM an Versicherungsbeiträgen, die Ehefrau ist 50% körperbehindert) bei einem zu versteuernden Einkommen von

DM 70.000 – mehr gegenüber dem unbeschränkt Steuerpflichtigen ca. DM 8.000;

DM 100.000 – mehr gegenüber dem unbeschränkt Steuerpflichtigen ca. DM 10.000;

DM 150.000 – mehr gegenüber dem unbeschränkt Steuerpflichtigen ca. DM 15.000.[23]

Bei dem in diesem Rechenbeispiel genannten Steuerpflichtigen handelt es sich *nicht* um einen Arbeitnehmer, weil diesem auch bislang nicht die ganze fiskalische Härte wegen Nichtansässigkeit widerfahren ist.

---

22 Vgl. auch hierzu die Ausführungen in Kap. 3.
23 Diese Zahlen gelten bis einschließlich Veranlagungszeitraum 1995.

Ihre persönliche Situation finden Nichtverheiratete, Verheiratete mit Kindern wie auch alle anderen denkbaren Fälle[24] leicht abgewandelt im angeführten Beispiel wieder, indem sie – grob schematisiert – in drei Schritten rechnen.

1.) Addition der Sonderausgaben (d. h. der Versicherungsprämienzahlungen mit Höchstbetrag 8.000 DM für Verheiratete, 4.000 DM für Nichtverheiratete), der vorgesehenen Pauschalbeträge für Kinder und deren Ausbildung, Behinderung der (oder eines) Ehegatten sowie altersbezogene Entlastungsfreibeträge.

2.) Feststellung der prozentualen Steuerbelastung auf das Einkommen (z.B. Gewinn aus Gewerbebetrieb, „Überschuß der Mieteinnahmen über die Kosten") nach der Grundtabelle.

3.) Die Summe der Beträge aus Ziff. 1.) wird von dem zu versteuernden Einkommen abgezogen. Sodann erfolgt die Feststellung der Belastung nach der Grundtabelle bei Nichtverheirateten; für Verheiratete gilt die Splittingtabelle – wobei das Ergebnis im Vergleich zu dem bei 2.) ermittelten Wert besonders bei den Verheirateten sehr zu deren Nachteil ausfallen wird. Dies belegt ja schon deutlich das vorgestellte Beispiel.

Im Vergleich zur niederländischen und belgischen Praxis werden die beschränkt steuerpflichtigen Bürger in Deutschland deutlich höher belastet. Von den in Kapitel 1.4 angesprochenen vier Formen der persönlichen Steuerpflicht sind für Grenzpendler im Dreiländereck nur die „beschränkte" und die „unbeschränkte" Steuerpflicht von Bedeutung. Die „erweiterte beschränkte" und die „erweiterte unbeschränkte" Steuerpflicht spielen diesbezüglich keine Rolle. Deshalb werden sie hier auch nicht weiter besprochen.

24 Auch hier bleiben Arbeitnehmer ausdrücklich ausgenommen. Sie konnten schon immer z.B. Kinderfreibeträge über „außergewöhnliche Belastungen" geltend machen. Ausgeschlossen blieb dieser Personenkreis allerdings auch vom Splittingtarif. Zudem enthält die Lohnsteuertabelle den Sozialabgabe-Arbeitnehmeranteil.

2.2

Methoden zur Verhinderung der Doppelbesteuerung – und ihre begrenzte Wirksamkeit

Lassen wir das Problem „ganz von unten" angehen. „Ganz von unten" – das ist die Situation, in der der Staat, in dem der Steuerpflichtige ansässig ist (Wohnsitzstaat), die Einkünfte, die dem Quellen- bzw. Belegenheitstaat zugewiesen sind, nicht besteuern darf. Dabei bieten sich dem Wohnsitzstaat zwei Möglichkeiten an, eine Doppelbesteuerung zu verhindern: Er *kann* die in Frage kommenden Steuergüter *nicht* besteuern (Freistellungsmethode) *oder* er besteuert sie, und in diesem Fall muß er die vom ausländischen Vertragsstaat für die Steuergüter erhobene Steuer auf *seine* Steuer anrechnen (Anrechnungsmethode).

Die *Freistellungsmethode* zielt darauf ab, die Belastung auf die ausländischen Einkünfte, die nicht dem Wohnsitzstaat zugewiesen sind, auf diejenige des Belegenheit- bzw. Quellenstaates zu beschränken. Eine Steuer im Wohnsitzstaat falle ja nicht an. Bedenklich erscheint hier, daß es im Falle der Nichtausübung des Besteuerungsrechtes durch den Belegenheitstaat, was bisweilen durchaus geschieht,[25] zu einer Steuerbefreiung in *beiden* Staaten kommt.

Die *Anrechnungsmethode* stellt sicher, daß zumindest in *einem* Staat Steuern gezahlt werden. Ein schwerwiegender Nachteil für den Steuerzahler entsteht dann, wenn er neben der Belastung der Einkünfte im Belegenheit- bzw. Quellenstaat auf das Steuerniveau des Wohnsitzstaates hochgeschleust wird, d.h. wenn *dort* das zu versteuernde Einkommen errechnet wird, welches als Bemessungsgrundlage für den Tarif des Wohnsitzstaates dient. Die nachträgliche Anrechnung der bereits im anderen Staate gezahlten Steuern fällt dann unter dem Strich gar nicht mehr ins Gewicht.

In dem Abkommen mit Belgien und mit den Niederlanden beseitigt nur die Anrechnungsmethode die Doppelbesteuerung auf die Einkunftsarten *Dividenden* und *Zinsen.*

Problematischer ist dagegen die Freistellungsmethode deshalb, weil sie bei allen übrigen Einkunftsarten eine drohende Doppelbesteuerung verhindern will. In ihrer „reinen" Form läßt die Freistellungsmethode jedem Vertragsstaat nur die Anwendung *desjenigen* Steuersatzes, der den Einkünften entspricht, die ihm zugesprochen sind. Die unterschiedlichen Steuertarife innerhalb der EU laden nun aber dazu ein, Einkünfte grenzüberschreitend zu

25 Deutschland verzichtet auf die Ausübung dieses Besteuerungsrechts z.B. bei den Renten, welche von Gebietskörperschaften des öffentlichen Rechts gezahlt werden, obwohl es durch das DBA dem nationalen Einkommensteuergesetz (§ 49 (1) Ziff. 7 EStG) zugewiesen wird.

verstreuen. Deshalb kann diese Methode in ihrem ursprünglichen Sinn zu Mißbrauch und – gegenüber dem Bezieher ausschließlich inländischer Einkünfte – zu verzerrten Ergebnissen führen. Alleine im DBA mit Italien bleibt die Freistellungsmethode aus hier nicht zu erörternden Gründen in ihrer ursprünglichen Form erhalten. Alle übrigen DBA – so auch das deutsch-belgische und das deutsch-niederländische – begegnen dem erwähnten möglichen Tarifvorteil durch den sogenannten *Progressionsvorbehalt.*
Der Sinn dieser Ausgleichsregelung besteht im wesentlichen darin, die dem Wohnsitzstaat zugewiesenen Einkünfte mit *dem* Steuersatz zu belegen, der ohne ein DBA auf das Gesamteinkommen des Steuerbürgers anzuwenden wäre.[26] Lösen wir diesen auf den ersten Blick kompliziert erscheinenden Satz im nachfolgenden Beispiel auf:

> A bezieht im Kalenderjahr 1994 Einkünfte in Höhe von insgesamt 150.000 DM. Davon entfallen 50.000 DM auf solche Einkünfte, welche nach dem jeweiligen DBA in Belgien oder den Niederlanden zu besteuern sind. Somit verbleibt dem deutschen Wohnsitzstaat eine Gesamtbesteuerungsmasse von 100.000 DM. Auf dieses zu versteuernde Einkommen wird nun – ungeachtet der ausländischen Belastung auf jene 50.000 DM – die deutsche Finanzverwaltung den Steuersatz anwenden, den die Tabelle bei einem zu versteuernden Einkommen von 150.000 DM ausweist.

Das in Kapitel 1.2 bereits angedeutete „Nachkarten" des Wohnsitzstaates tritt bei der „Freistellung unter Progressionsvorbehalt" deutlich zutage. Dies unterstreicht recht eindringlich die viel zu wenig bekannte These, daß die DBA eine Doppelbesteuerung nicht gänzlich verhindern, sondern allenfalls abmildern. Trotz dieser Einschränkung ist die „Freistellung unter Progressionsvorbehalt" in jedem Falle günstiger als eine vollständige Doppelbesteuerung.

26 Vgl. die nationalen Vorschriften hierzu: § 32b EStG

2.3

Wohnsitz, Ansässigkeit und Betriebsstätte – Definitionen der Doppelbesteuerungsabkommen

Die DBA zählen zu den völkerrechtlichen Verträgen, die dem einzelnen Bürger *unmittelbar* Rechte einräumen. Ein solches Abkommen kann nur solchen Personen Schutz vor Doppelbesteuerung gewähren, die zumindest in *einem* der beiden Staaten ansässig sind. Diese Ansässigkeit drückt sich aus in der *Wohnsitznahme* oder dem *ständigen Aufenthalt* nach dem Recht des betreffenden Staates. So gilt in Deutschland eine Person als ansässig, wenn sie dort ihren „Wohnsitz" oder „gewöhnlichen Aufenthalt" hat (gem. §§ 8, 9 AO). Nach belgischem Recht bedeutet „ansässig sein" „Innehaben des Wohnsitzes" (gem. § 3 ESGB), und die niederländischen Behörden orientieren sich am „Sitz einer Person" (Art. 4 AWR).
Der Eintrag im Register des jeweiligen Einwohnermeldeamtes *kann* als Nachweis für den Wohnsitz herangezogen werden. Allerdings kann daraus kein Rechtsanspruch für eine Beurteilung nach dem DBA abgeleitet werden. Das übersehen viele „Umzügler", die mit dem An-, Ab-, Um- und Zurückmelden häufig bewußt Verwirrung stiften wollen, um zu ihrem eigenen Vorteil mal diesem, mal jenem Land die Rolle als Wohnsitzstaat zuzuspielen. Auf Versammlungen von „Grenzpendler-Interessenverbänden" ergreifen diese oft das Wort und lösen auf ihre Art DBA-Probleme, um die andere z.B. mit den Politikern mühsam ringen. Man kann nicht eindringlich genug vor diesen „Schein-Doppelwohnsitznehmern" warnen. Die DBA enthalten strenge Bestimmungen, um eine Doppelansässigkeit zu verhindern. Vielleicht kann der Hinweis darauf, daß die doppelte Wohnsitznahme letztlich eine *doppelte* unbeschränkte Steuerpflicht nach sich zieht, die dringend erwünschte Abschreckungswirkung haben. Wie soll ein DBA da noch „helfen"?
Aufschlußreich sind in diesem Zusammenhang die Bestimmungen der Abkommen über die Ansässigkeit einer Person in beiden Vertragsstaaten (Art. 3 DBA Niederlande, Art. 4 DBA Belgien):

- ansässig ist sie dort, wo sie über eine ständige Wohnstätte verfügt;

- verfügt sie in beiden Staaten über einen ständigen Wohnsitz, so ist der Staat ausschlaggebend, in dem die betreffende Person den sog. Mittelpunkt ihrer Lebensinteressen hat;

- kann dieser Mittelpunkt nicht bestimmt werden, oder existiert in keinem der Staaten eine ständige Wohnstätte, dann ist der Staat maßgebend, der der gewöhnliche Aufenthaltsort der Person ist;

– liegt dieser in beiden oder in keinem der Vertragsstaaten, wird die Staatsangehörigkeit herangezogen;

– besitzt die betreffende Person keine oder beide Staatsangehörigkeiten, entscheiden die Staaten die Frage der Ansässigkeit einvernehmlich in sog. Verständigungsverfahren.[27]

In dieser Aufzählung haben wir übrigens erfahren, daß die Staatsangehörigkeit bei der Anwendung der DBA – jedenfalls im deutsch-belgischen und deutsch-niederländischen – *keine* Rolle spielt.
Unbedingt einprägen sollte sich der Grenzpendler in jeder Problemsituation folgendes: Fingierte Wohnsitze, Briefkastenwohnungen oder die „Absteige" beim Bekannten („ich bewohne dort ein Zimmer für mich alleine ...") hebeln auf lange Sicht hin die Schutzwirkung der DBA aus. Schon mancher hat sein ganzes Vermögen verloren, als die Steuerbehörde von Wohnsitz- und Tätigkeitstaat für weit zurückliegende Kalenderjahre Nachforderungsbescheide erließ. Natürlich fungierten darin beide als Wohnsitzstaat – und die Doppelbesteuerung trat unvermeidbar ein. Da half auch kein Gesuch an Staatsoberhäupter!
Nicht nur weil das Vergaberecht für die Besteuerung von Unternehmergewinnen *und* Einkünften aus selbständiger Tätigkeit (Freiberufler) an das Vorhandensein einer Betriebsstätte (bei Freiberuflern: feste Einrichtung) im einen oder anderen Vertragsstaat gekoppelt ist, muß genauer ausgeleuchtet werden, was hier unter „Betriebststätte" verstanden wird. Dabei fällt auf, daß sich die Sprache der DBA vom bürokratischen „Steuerlatein" grundlegend unterscheidet. Damit sind wir mitten im Thema: Der Begriff der Betriebsstätten ist im Abkommen bedeutend enger gefaßt als im deutschen Recht (gem. § 12 AO). Er hat in Art. 5 des deutsch-belgischen und in Art. 2 des deutsch-niederländischen DBA den gleichen Tenor. Er gliedert sich in zwei Teile: In seiner positiven Bestimmung bezeichnet er z.B. *„einen Ort der Leitung"*, *„eine Zweigniederlassung"*, *„eine Werkstätte"*. Eher ungewöhnlich ist eine umfangreiche negative Bestimmung, was er *nicht* als Betriebsstätte gelten läßt: bloße Lagerungs-, Ausstellungs- oder Auslieferungseinrichtungen, Einkaufs- und Informationseinrichtungen, Einrichtungen für Vorbereitungs- oder Hilfstätigkeiten. Ausgenommen werden auch Bau- und Montageausfüh-

27 Vgl. Kap. 2.5

rungen mit weniger als zwölf (im DBA Belgien neun) Monaten Dauer. Makler, Kommissionäre oder andere unabhängige Vertreter können ebenfalls keine Betriebsstätte begründen. Wohl aber kann abweichend von der nationalen Definition (gem. § 12 Abs. 1 AO) eine Betriebsstätte durch einen „ständigen Vertreter", also eine zum Vertragsabschluß berechtige Person begründet werden.

Besonders die ständig zunehmenden grenzüberschreitenden unternehmerischen Aktivitäten auf dem Bau- und Montagesektor erhalten gegenüber der oftmals offen strengen Auslegung durch deutsche Behörden den Zuspruch der Rechtssicherheit im DBA. Die Bau- oder Montagestellen sind im Hinblick auf die erwähnte Neun- bzw. Zwölf-Monate-Frist *getrennt für sich* zu betrachten. Ihre Zusammenfassung und die damit einhergehende (in Deutschland oft praktizierte) Tätigkeitstaatbesteuerung ist unzulässig!

Entsprechendes gilt für die Bezieher von „Einkünften aus selbständiger Tätigkeit": Eine Volkshochschule oder ähnliche Einrichtungen für unterrichtende Tätigkeiten können ebensowenig als Betriebsstätte geltend gemacht werden wie die wechselnden Wohnungen, in denen der Klavierlehrer seine Schüler am Instrument unterweist. Die Bestimmungen des DBA lassen keine noch so raffinierten Argumentationen zu, die eine günstigere Besteuerung im „Belegenheitstaat" zu rechtfertigen versuchen.

2.4

Amtshilfe und Informationsaustausch – kooperieren die Finanzämter wirklich grenzüberschreitend?

Anstelle einer plakativen Antwort auf diese Frage wollen wir zunächst einige grundsätzliche Überlegungen zur Auslegung und Anwendung international gewachsener Rechtsvorschriften anstellen. Diese zeichnen sich gerade dadurch aus, daß sie unterschiedliche Deutungen ausschließen wollen. Die Praxis sieht aber oft so aus, daß in die einzelnen Rechtsvorschriften mehr hineininterpretiert wird als es ihr ursprünglicher Sinngehalt zuläßt.
Wir wollen diesen Aspekt etwas weiter verfolgen. Im grenzüberschreitenden Informationsaustausch liegen offenbar die wunden Stellen der DBA und des EU-Rechts. Es ist der Konflikt zwischen der Sachaufklärung zur Herbeiführung von Steuergerechtigkeit auf der einen Seite und der Berücksichtigung grundrechtlicher Schutzbereiche des einzelnen Steuerpflichtigen auf der anderen Seite. Die zu entwickelnden Rechtsvorschriften könnten nun so abgefaßt sein, daß den Vertragspartnern von Fall zu Fall Entscheidungsspielraum mehr zur einen oder zur anderen Seite hin bliebe. Genau dies hat man aber nicht getan. Die nachfolgend aufgezählten Vorschriften stehen alle unter dem Vorrang der Auskunftserteilung um *jeden Preis*.

Als Rechtsgrundlage dienen

- das EG-Amtshilfegesetz (EG AHG)
- die EG-Amtshilfeverordnung (EG-AVO)
- die Auskunftsklauseln der DBA, hier jeweils Art. 26 DBA Belgien bzw. DBA Niederlande

Wir unterscheiden drei Arten der Auskunftserteilung, die sich wechselweise folgender Rechtsgrundlagen bedienen:

1. *Pflichtauskünfte:*

Rechtsgrundlage:	DBA, § 1 Abs. 2 EG-AHG, Art. 4, 7 EG-AVO
Anwendungsbereich:	Bei Steuerfestsetzung, niemals bei Vollstreckung

2. *Kulanzauskünfte:*

Rechtsgrundlage:	§ 1 Abs. 3 EG-AHG, in den DBA und in der EG-AVO nicht ausdrücklich untersagt

Anwendungsbereich:	a) Der „ersuchte Staat" erteilt Auskunft, ohne dazu rechtlich verpflichtet zu sein; b) Der „ersuchende Staat" darf die Auskünfte nur für Zwecke des Besteuerungs- oder Steuerstrafverfahrens verwenden; c) Der „ersuchende Staat" sichert die Vermeidung einer möglichen Doppelbesteuerung zu.
3. *Spontan- und Routineauskünfte:*	
Rechtsgrundlage:	§ 2 Abs. 2 EG-AHG, Art. 4 EG-AVO
Anwendungsbereich:	Es muß kein Ersuchen des anderen Staates vorliegen, es reicht die Vermutung der „Steuerverkürzung" im anderen Staate. „Sachverhaltsvorgabe" derart, daß nach Steuerermäßigung oder -befreiung in dem *einen* Staat eine Steuererhöhung in dem *anderen* wahrscheinlich ist.

Die aufgestellte These von der fiskalfreundlichen Tendenz des Gesamtpaketes „Rechtsgrundlagen" zum Informationsaustausch dürfte nunmehr unstrittig sein. Daran ändert auch nichts die Pflicht des ersuchenden Staates, vor seinem Auskunftsgesuch den betreffenden Steuerpflichtigen anzuhören. Letzterer besitzt *kein* Vetorecht. Die nach § 40 der Finanzgerichtsordnung mögliche Unterlassungsklage kann dem bereits auf den Weg gebrachten Ersuchen nachgesandt werden.
In dem scheinbar so unterentwickelten Bereich des „Informationsaustauschs" steht den Finanzbehörden aller drei „Dreiländereckstaaten" in Wirklichkeit ein gewaltiges Durchsetzungsinstrumentarium zur Verfügung, das allerdings kaum genutzt wird. Sicherlich treffen sich die Finanzamtsdirektoren der grenznahen Ämter regelmäßig zum „Austausch". Aber Substantielles kommt dabei leider nicht heraus. So sind denn auch solche Runden überflüssig, wenn nur

die gegebenen Möglichkeiten ausgeschöpft würden. Wäre dazu ein leicht durchsetzbares „Mehr an Steuergerechtigkeit" nicht Motiv und Anreiz zugleich? Anhänger einer schnellen Vollendung der EU werden hier beipflichten: Im praktischen Austausch – wenn er mit Augenmaß betrieben wird – liegt gerade im Dreiländereck *die* große Aufgabe der drei Finanzminister. Oder *kann* hier etwas nicht sein, was nicht sein *soll*?

2.5

Verständigungsverfahren – wer ist „Oberschiedsrichter" in grenzüberschreitenden Streitfragen?

Die Problematik wurde bereits in Kapitel 1.3 angedeutet. Die unterschiedliche Auslegung der Abkommensvorschriften durch die beiden Vertragspartner gefährden die angestrebte Verhinderung einer Doppelbesteuerung. Die jeweiligen Artikel 23 der deutschen DBA mit Belgien und den Niederlanden eröffnen die Möglichkeit, sich bilateral über Regelungskonflikte zu verständigen. Selbst sogenannte Insider belassen es bei diesem Informationsstand. Damit erliegen sie einem verbreiteten gefährlichen Irrtum: Wenn es auf beiden Seiten an der Anerkennung des Besteuerungsrechts für einen Staat hapert,[28] dann sollen „sie" (gemeint sind die zuständigen Behörden beider Vertragsstaaten) doch darüber streiten. Wer darauf setzt, verkennt jedoch, daß derartige Verfahren keine Selbstläufer sind.
Verständigungsverfahren sind *Verwaltungsverfahren*, die sich außerhalb jeglichen diplomatischen Protokollzwanges bewegen. Sie *erledigen* Streitverfahren, indem sie sich ihrer buchstäblich *entledigen*. Und damit ist ein wesentliches Kriterium angesprochen: Es gibt keine Verfahrensnorm wie z.B. in einem Finanzgerichtsprozeß. Der beschwerte Steuerbürger muß das Verfahren zwar selbst in seinem Wohnsitzstaat in Gang setzen, gleichwohl hat er fortan keinerlei Einfluß mehr auf dessen Verlauf. Er wird nicht einmal persönlich angehört, und die zusammengetretenen Gremien können dann noch „weitertagen", wenn es der Initiator längst leid ist.
Drei Fälle werden in aller Regel bei abkommenswidriger Besteuerung[29] zum Verfahrensgegenstand:

- eine objektiv unrichtige oder unvollständige Sachverhaltsermittlung,
- eine falsche Anwendung des Abkommens,
- eine falsche Anwendung nationalen Rechts, soweit das DBA dieses verlangt.

Auf eine weitere Fehleinschätzung vieler Grenzpendler gilt es aufmerksam zu machen: Wenn sich die Vertreter beider Seiten überhaupt um eine Beilegung der Differenzen bemühen – eine Einigung ist zwar das gesteckte Ziel, *es be-*

28 Dies trifft z.B. häufiger als angenommen bei der Besteuerung von in Belgien ansässigen Arbeitnehmern zu.
29 Natürlich aus der subjektiven Sicht desjenigen, der Beschwerde eingelegt hat.

steht aber keine Verpflichtung dazu. Bedeutsamer ist aber noch, daß bei einer Einigung nur dann Erfüllungspflicht besteht, wenn jenes „Agreement" beiderseitig umgesetzt wird. Dies kann aber z.B. dadurch unterlaufen werden, daß sich die (z.B. deutsche) Finanzverwaltung zur Festlegung ihres Standpunktes auf die nationale Finanzgerichtsbarkeit beruft, damit möglicherweise die verlangte Beiderseitigkeit erschüttert und dadurch den gesamten „Schiedsspruch" aushebelt. Da tröstet wenig, daß der deutsche Gesetzesgeber mit einer eigens für solche Fälle formulierten Passage in der Abgabenordnung[30] Abhilfe plant: Nach einer Verständigungsregelung sollen bestandskräftige deutsche Einkommensteuerbescheide geändert werden können.

Die Praxis lehrt, daß sich solche Verfahren über viele Jahre hinziehen können. Man denke nur an die vielen Schreibtische in den Unter-, Mittel- und Oberbehörden, die mit dem Fall in Berührung kommen, ehe er für ein Gespräch auf höchster Ebene herangereift ist.

Wer sich ungerecht behandelt oder gar diskreditiert fühlt, sollte unbedingt den länderübergreifenden Konsens mit den Finanzverwaltungen unter allen Umständen anstreben. Dieser Ratschlag schließt die Ausschöpfung sämtlicher nationaler Rechtsmittel ein. Die aufgezeigte mangelnde Rechtssicherheit weist den Verständigungsverfahren keinesfalls die Rolle des „Oberschiedsrichters" zu. Sie sind nicht einmal als Hoffnungsträger geeignet.

30 Vgl. BMF-Schreiben v. 11.07.1974 RE-Nr. 1.15.2

2.6

Die Steuerschulden zwingen zur Rückkehr – kann mich in Deutschland der Gerichtsvollzieher „von drüben" erwischen?

Besonders bei Arbeitnehmern, die ihren Wohnsitz nach Belgien verlegt haben und in Deutschland weiterhin ihrer Arbeit nachgehen[31], erlebt man immer wieder: die große Versuchung, das höhere Gehalt nach dem Wegfall der aus „alten Zeiten" bekannten Lohnsteuer mit vollen Händen auszugeben. Ein Jahr später liegt dann der Steuerbescheid des Eupener Kontrollamtes im Briefkasten. Eine saftige „Nachforderung" steht ins Haus – viel höher als man dies vermutet hätte.

Ohne hier dem 4. Kapitel vorzugreifen, wollen wird diesen Sachverhalt an dieser Stelle etwas näher betrachten. Durch die mit dem Umzug nach Belgien einhergehende amtliche Freistellung von der deutschen Lohnsteuer erhöht sich das Nettogehalt nur scheinbar um eben diesen Betrag. Spätestens dann, wenn die belgische Steuererklärung (etwa in der Mitte des Folgejahres) abgegeben wird, erhebt der belgische Staat Einkommensteuer auf die Lohnbezüge aus Deutschland. Dabei ist die fiskalische Belastung zumeist höher als „früher" in Deutschland. Der Grund dafür liegt in der gegenüber dem alten Wohnsitzstaat unterschiedlichen Tarifgestaltung. Wer bei den entsprechenden Nachforderungen nun auf Aufschub, Aussetzung oder Stundung setzt, wird keinen Erfolg haben. Die belgische Steuerverwaltung geht nämlich davon aus, daß der betreffende Arbeitnehmer Rücklagen gebildet hat.

Daraufhin wird dann oft nach der Devise gehandelt: Nichts wie weg aus Belgien, bei Nacht und Nebel zurück nach Deutschland – in dem festen Glauben, vor den belgischen Steuerbehörden nun sicher zu sein. Doch der „schlaue" Arbeitnehmer hatte sich nicht über den Artikel 26 des deutsch-belgischen DBA informiert. Die dort festgeschriebene Amtshilfe beschäftigt sich ausschließlich mit der „Beitreibung des eigentlichen Steuerbetrages, der Erhöhungen, Zuschläge, Zinsen, Kosten und Geldbußen". Der Katalog läßt – so gelesen – gar nichts „Steuerliches" aus. Und so wird die Einkommensteuernachforderung gegen den „untergetauchten" Schuldner seinen Lauf nehmen: Die Wohnanschrift in Deutschland ermittelt sich sehr einfach. Dann geht das Vollstreckungsgesuch über Brüssel, Bonn und die Oberfinanzdirektion Köln an das zuständige Finanzamt des „neuen" Aachener Wohnsitzes. Die dortige Vollstreckungsstelle beauftragt ihren Außendienstbeamten mit der „Beitreibung des Betrages nach den deutschen Rechts- und Verwaltungsvorschriften (Artikel 26 Abs. 2 DBA). Taucht schließlich der Vollzieher beim „belgischen"

31 Vgl. Kap. 1.4

Steuerschuldner auf – dies kann bis zu einem halben Jahr nach Zustellung des Steuerbescheids dauern –, dann hilft weder ein Widerspruch wegen möglicher Unrichtigkeit des Bescheids noch die Ausrede, man habe sich doch mit den belgischen Behörden „arrangiert". Der Beamte wird den Rückstand (Fachsprache der Vollstreckungsstelle) so beitreiben, als sei ein deutscher Steuerbescheid maßgeblich. Kontenpfändung, „Kuckuckskleber" und natürlich jede Menge Kosten warten auf den säumigen Schuldner. Allein die belgische Steuerverwaltung kann auf dessen Betreiben hin die Aktivitäten der deutschen Finanzbehörde stoppen. Dies gelingt allerdings in den seltensten Fällen.

Fazit: Statt seinen Wohnsitz klammheimlich wieder ins andere Land zu verlegen, sollte man sich direkt an das jeweilige Steuerkontrollamt wenden.
Denn im übrigen sitzt der belgische Fiskus „unsichtbar" mit am Tisch des Notars, wenn ein Steuerschuldner sein Anwesen im Königreich veräußert: Die verlangte „Unbedenklichkeitsbescheinigung der Finanzbehörden" enttarnt ihn sofort, und der rückständige Betrag wird direkt vom Verkaufspreis einbehalten.

3

DIE DEUTSCHE BESTEUERUNG DER GRENZPENDLER – NEUE GESETZLICHE BESTIMMUNGEN AB 1996

3.1

Neuregelung im Schnellverfahren – die Antwort der Ministerialbürokratie auf zwei Jahrzehnte des Protestes

Wer sich die Ausführungen zur *beschränkten* Steuerpflicht[32] noch einmal vergegenwärtigt, wird die Proteste verstehen. So ist unverkennbar, daß die deutsche beschränkte Steuerpflicht, also der Umgang der deutschen Finanzverwaltung mit den in Deutschland nichtansässigen Steuerpflichtigen große Nachteile bringen kann. Dazu müssen wir noch einmal an die Maxime erinnern: Der Wohnsitzstaat hat das Recht auf die Besteuerung des Welteinkommens – wenn das DBA nichts anderes aussagt – *und* die Pflicht, die persönlichen Verhältnisse des einzelnen Steuerpflichtigen zu berücksichtigen. Wohlgemerkt: Die Rede ist vom Wohnsitzstaat und nur von dessen Rechten und Pflichten. Der deutsche Staat übernimmt nun aber im Falle der beschränkten Steuerpflicht als einzig möglicher Form der persönlichen Steuerpflicht eines Nichtansässigen die Rolle des Tätigkeit- bzw. Belegenheitstaates. Für diesen besteht bekanntlich nicht die Pflicht, auf persönliche Verhältnisse Rücksicht zu nehmen.

Damit sind wir aber noch nicht bis zum Kern des Problems vorgestoßen, das die meisten nach Deutschland pendelnden Bürger bedrängt. Über lange Jahre hinweg hat das deutsche Finanzministerium diese Pendler mit ihren Beschwerden an ihren Wohnsitzstaat verwiesen: „Geht doch dahin, wo ihr wohnt und reklamiert die Euch hier vorenthaltenen Erleichterungen." Nur – die meisten von ihnen hatten in ihrem Wohnsitzstaat *gar nichts zu versteuern*! Mangels vorhandener Besteuerungsmasse *konnte* der Wohnsitzstaat denn auch gar kein Besteuerungsverfahren einleiten. Folglich gab es auch nichts zu berücksichtigen, was an persönlichen Verhältnissen hätte geltend gemacht werden können. So bezeichneten sich denn auch die Grenzpendler gerne selbst als „Stiefkinder des Fiskus", obwohl dies so pauschal nicht zutrifft.

1986 handelte dann schließlich der Gesetzgeber – aber halbherzig und wohl mehr um die Unruhe an den Grenzen in Grenzen zu halten. Mit dem neugefaßten § 1 Abs. 3 des EStG wurde dem gesamten im Ausland ansässigen und im deutschen Inland tätigen Öffentlichen Dienst formell die unbeschränkte Steuerpflicht frei Haus geliefert. Das dabei gleichzeitig pressewirksam geleistete Versprechen, „in naher Zukunft für alle Grenzpendler eine gerechte Lösung herbeizuführen" ließ sodann weitere acht (!) Jahre auf seine Einlösung warten. Der zwischenzeitlich immens gewachsene Druck aus Pendlerkreisen, die längst Interessenverbände gegründet hatten, entlockte der Ministerialbürokratie dann 1994 das sogenannte Grenzpendlergesetz[33]. Es basiert auf dem

32 Vgl. insbesondere Kap. 1.4 und 2.1
33 § 50 Abs. 4 EStG i.d.F.v. 1995

Leitsatz: Die Pendler sollen – so denn ihre nahezu gesamte Besteuerungsmasse in Deutschland zu besteuern ist – ihre persönlichen Verhältnisse in die Veranlagung miteinbeziehen dürfen, allerdings nicht über das dem sogenannten Gastarbeiter gewährte Maß hinaus.

Der in Deutschland ansässige und dort auch tätige „Gastarbeiter", der seinen Familienwohnsitz außerhalb der Bundesrepublik hat, erhält ***nicht*** *den für Verheiratete vorgesehenen Splittingtarif. U.a. ist für ihn die unbeschränkte Steuerpflicht beider Ehegatten bindend, die beim weiterhin im Ausland lebenden Ehepartner nicht eintreten kann. Die Argumentation des deutschen Gesetzgebers: Die sog. Gastarbeiter dürfen materiell-rechtlich nicht schlechter gestellt sein als die Grenzpendler. Aufgrund dieser ausdrücklichen Orientierung am steuerlichen Status des Gastarbeiters blieb den Grenzpendlern in dem neuen Gesetz von 1994 der Splittingtarif vorenthalten.*

Den Durchbruch erzwang dann Anfang 1995 jenes EuGH-Urteil[34], das dem deutschen Gesetzgeber unmißverständlich auftrug, eine Gleichstellung zwischen deutschem Grenzpendler und deutschem Steuerinländer herbeizuführen. Voraussetzung war allerdings, daß der Pendler nach dem jeweiligen DBA sein gesamtes Einkommen nahezu ausschließlich der deutschen Besteuerung unterwerfen müsse.
Daraufhin wurden binnen acht Wochen (!) 70 Jahre alte Regeln des deutschen Steuerrechts in ihrer Substanz aufgeweicht. Der gesamte Komplex „beschränkt Steuerpflichtige" wurde tiefgreifend verändert. Wer sich mit den neuen Vorschriften und ihren Begründungen auseinandergesetzt hat, wird den Eindruck bekommen müssen, daß man hier im „Hau-Ruck-Verfahren" eine (vom EuGH diktierte) Hausaufgabe erledigt hatte. Ohne Erfahrungsberichten der Finanzverwaltung oder der Interessenverbände vorgreifen zu wollen, kann schon jetzt festgestellt werden:

> *Aus den früheren Stiefkindern des Fiskus sind heute „Rosinenpicker" geworden. Die Ministerialbürokratie gesteht ihnen extreme Vergünstigungen zu, die einem deutschen Steuerinländer nicht zuteil werden können. Einer zwanzigjährigen Ablehnung von Protesten steht jetzt die Ausschüttung eines Füllhornes gegenüber, dessen Geschenkinhalt die Betroffenen sicherlich noch nicht einmal richtig erahnen.*

34 Vgl. dazu Kap. 1.3

Betrachten wir zunächst einmal die ab 1996 in Frage kommenden Fallgruppen innerhalb der unbeschränkten und der beschränkten Steuerpflicht.

Fallgruppe 1:

Personen mit Wohnsitz in Deutschland (dazu zählen auch alle Gastarbeiter) sind *unbeschränkt* steuerpflichtig. In ihren Besteuerungsverfahren werden sämtliche persönliche Verhältnisse steuermindernd berücksichtigt (u.a. Familienstand, Kinderzahl, Sonderausgaben, außergewöhnliche Belastungen).

Der Normalfall des hier ansässigen Steuerpflichtigen wurde somit erweitert um die sogenannten Gastarbeiter, unabhängig davon, in welchem Staat die Familie ihren Wohnsitz hat (Gesetzesgrundlage: § 1 Abs. 1 EStG).

Fallgruppe 2:

Der deutsche diplomatische und konsularische Dienst nebst Angehörigen ist *unbeschränkt* steuerpflichtig.

Dieser naturgemäß im Ausland ansässige Personenkreis erhält formell den begehrten Status des „Normal-Steuerinländers". Die Regelung gilt bereits seit über 30 Jahren (Gesetzesgrundlage: § 1 Abs. 2 EStG).

Fallgruppe 3:

Verheiratete und Nichtverheiratete ohne EU-Staatsangehörigkeit oder Personen mit EU-Staatsangehörigkeit ohne Wohnsitz in Deutschland sind formell *unbeschränkt* steuerpflichtig, wenn das Einkommen (nahezu) ausschließlich in Deutschland erzielt wurde. Abweichend vom Status des „normal unbeschränkt Steuerpflichtigen" entfällt hier der Splittingtarif.

Es handelt sich um die „Fortschreibung" des sog. Grenzpendlergesetzes (s.o.). Die Zuordnung zu dieser Fallgruppe ist an einen entsprechenden Antrag gebunden. Die Höhe der ausländischen Einkünfte ist – aufgrund der Bedingungen, daß diese Einkünfte „nahezu ausschließlich deutscher Besteuerung unterliegen" – durch eine Bescheinigung der zuständigen Steuerbehörde nachzuweisen (Gesetzesgrundlage: § 1 Abs. 3 EStG).

Die Summe der ausländischen Einkünfte darf 10 % des Welteinkommen nicht überschreiten, die Ermittlung erfolgt nach deutschem Recht.

Die Prüfung dieser sogenannten 90%-Regelung entfällt, wenn jene schädlichen (sprich im Ausland steuerpflichtigen) Einnahmen den absoluten Betrag von 12.000 DM nicht überschreiten.

Fallgruppe 4:

Verheiratete Personen mit EU-Staatsangehörigkeit ohne Wohnsitz in Deutschland sind – wiederum formell – *unbeschränkt* steuerpflichtig, wenn das gemeinsame Einkommen der Ehegatten (nahezu) ausschließlich in Deutschland erzielt wurde. Die Anwendung des Splittingtarifs ist ausdrücklich vorgesehen. Hier wird das zitierte EuGH-Urteil umgesetzt: Damit erfolgt wiederum *auf Antrag* die völlige Gleichstellung mit dem deutschen Steuerinlander. Diese Vergünstigung hängt von der in Fallgruppe 3 genannten Bedingung ab, allerdings verdoppelt sich der absolute Betrag von 12.000 DM auf 24.000 DM. Bemessungsgrundlage ist selbstverständlich das Einkommen der Ehegatten. Die Modalitäten für dessen Nachweis sind wiederum die gleichen wie in Fallgruppe 3 (Gesetzesgrundlage: § 1a EStG).

Fallgruppe 5:

Personen ohne Wohnsitz in Deutschland, welche nicht den Fallgruppen 2 bis 4 zuzuordnen sind, bleiben *beschränkt* steuerpflichtig.
Die „alte" beschränkte Steuerpflicht mit all ihren Nachteilen (Nichtberücksichtigung personen- und familienbezogener Lasten) kommt hier zur Anwendung. Sie trifft zum einen diejenigen, die wegen ihrer zu hohen im Ausland steuerpflichtigen Einkünfte nicht die Vergünstigungen aus den Fallgruppen 3 und 4 beanspruchen können. Zum anderen sind aber auch solche Steuerpflichtigen betroffen, die eine solche Eingruppierung gar nicht wünschen. Zudem ist diese bekanntlich antragsgebunden (Gesetzesgrundlage: § 1 Abs. 4 EStG)!

Diese geraffte Vorstellung der Neuregelung wäre unvollständig, ginge sie nicht noch auf das erwähnte Grenzpendlergesetz ein – auch wenn es nach seiner Verkündigung in 1994 schon ab 1996 nicht mehr gilt. Es gleicht im wesentlichen der Neufassung des § 1 Abs. 3 EStG (Fallgruppe 3), kann jedoch – im Gegensatz zu diesem – auch noch auf zurückliegende Jahre angewendet werden.

In der nachstehenden tabellarischen Übersicht sind die Einzelheiten zusammengestellt, die bei der Anwendung der Neuregelungen von Bedeutung sind. Sie bringen insbesondere den Grenzpendlern bisher versagte Erleichterungen.

Fallgruppe 3) = § 1a EStG	**Fallgruppe 4) = § 1 Abs. 3 EStG**	**alte beschränkte Steuerpflicht = § 1 Abs. 4 EStG**
Personenkreis: Verheiratete EU-Bürger	Personenkreis: Im Ausland ansässige Personen	keinerlei Berücksichtigung irgendwelcher persönlicher Verhältnisse
– Splittingtarif – Realsplitting (= Unterhalt für getrennt lebenden oder geschiedenen Ehegatten) bis zu 27.000 DM möglich (§ 10 Abs.1 Nr. 1 EStG). – Haushaltsfreibetrag (Alleinerziehende) nur bei Behauptung des dauernden Getrenntlebens (§ 32 Abs. 7 EStG). – Kinderbetreuungskostenabzug möglich (§ 33c EStG); volle Kinderfreibeträge wie beim deutschen Steuerinländer. – Gültigkeit: ab 01.01.1996 und rückwirkend für alle noch offenen Fälle.	– kein Splittingtarif – Unterhaltsaufwendungen (z.B. für den Ehegatten, der nicht dauernd getrennt leben muß) bis zu 12.000 DM. Betrag der anrechnungsfreien Bezüge der unterstützenden Person: 1.200 DM (§ 33a EStG). – Haushaltsfreibetrag auch dann, wenn das Kind bei dem im Ausland ansässigen Steuerpflichtigen wohnt. – Kinderbetreuungskostenabzug möglich (§ 33c EStG); volle Kinderfreibeträge wie beim deutschen Steuerinländer. – Gültigkeit: ab 01.01.1996	„Aufweichung" möglich für die Jahre 1994 und 1995 sowie rückwirkend für alle offenen Fälle durch § 50 Abs. 4 EStG. Dieser verliert ab 1996 seine Gültigkeit.

Achtung:

Die sogenannten schädlichen (= im Ausland steuerpflichtigen) Einkünfte werden über den Progressionsvorbehalt in das Besteuerungsverfahren mit einbezogen. Sie sind der zuständigen Finanzbehörde des Wohnsitzstaates durch eine entsprechende Bescheinigung nachzuweisen.
„Schädliche Einkünfte" verstehen sich als positive Einkünfte, die laut DBA nicht der deutschen Einkommensteuer unterliegen. Hierzu zählen auch solche Einkünfte, welche nach einem DBA in Deutschland „nur der Höhe nach begrenzt" besteuert werden dürfen (z.B. Dividenden).

3.2

Alter Status, neue Gesetze – das Bild paßt nicht in seinen Rahmen

Den Rahmen für die Neuregelung der Grenzpendlerbesteuerung bildeten zwei Vorgaben:

– weitgehende Angleichung an die Besteuerung des deutschen Steuerinländers, wenn der Wohnsitzstaat die persönlichen Verhältnisse mangels dort vorhandener Besteuerungsmasse nicht berücksichtigen kann,

dabei jedoch gleichzeitig

– Beibehaltung der Rolle Deutschlands als Tätigkeit-, Belegenheit- bzw. Quellenstaat, wie sie das internationale Steuerrecht (DBA-Systematik[35]) vorgibt.

Beide Kriterien greifen in einer Aussage sozusagen ineinander: Bei allen Anstrengungen um eine Verbesserung der Grenzpendlersituation kann Deutschland niemals die reguläre Rolle des Wohnsitzstaates übernehmen. Dieser *allein* hat z.B. das international gewachsene Recht, auch solche Einkünfte etwa über den Progressionsvorbehalt in die Besteuerung mit einzubeziehen, deren originäres Besteuerungsrecht dem *anderen* (DBA-Partner-)Staat zusteht. *Allein* der Wohnsitzstaat des Pendlers kann dessen persönliche Verhältnisse in angemessener Weise berücksichtigen. Diese Grundsätze bleiben unangetastet, auch wenn der für die Betroffenen nachteilige Umstand der fehlenden Besteuerungsmasse den EuGH veranlaßte, die Bundesrepublik diesbezüglich zu grundsätzlichen Änderungen ihres nationalen Besteuerungsrechts bei den Nichtansässigen aufzufordern.
Die nunmehr geltenden Neuregelungen sprengen jedoch den beschriebenen Rahmen dadurch, daß beide Vorgaben (Angleichung an den Inländerstatus sowie Beibehaltung der Rolle als Tätigkeit- bzw. Belegenheitstaat) unbeachtet bleiben.

1.) Es kann nicht angehen, daß sich die Grenzpendler durch die freie Wahl einer Form der persönlichen Steuerpflicht den Besteuerungsvorgang aussuchen können, der ihnen die meisten Vorteile bringt. In manchen Fällen bleibt den Finanzämtern sogar nichts anderes übrig, als die örtliche Besteuerungsbehörde anzuerkennen, die der Steuerpflichtige vorgibt.

35 Vgl. Kap. 2.3

Es ist geradezu skandalös, daß in den meisten Fällen die Gleich-, Besser-, oder Schlechterstellung von Grenzpendlern gegenüber dem deutschen Steuerinländer davon abhängt, ob der Steuerberater den Vorschriftendschungel durchschaut. So ist es kaum zu rechtfertigen, daß der „pfiffige" Steuerausländer deutlich Steuern gegenüber dem Inländer mit gleicher Einkünftekonstellation einspart – wie das Beispiel im Folgekapitel zeigt: Wer die Zusammensetzung seiner in Deutschland erzielten Einkünfte geschickt „gestaltet", wird künftig gut beraten sein, seinen Wohnsitz aus steuerlichen Gründen in einen unserer Nachbarstaaten zu verlegen.

2.) Liegt das Einkommen in zwei Staaten, wird künftig nicht nur der Wohnsitzstaat die Besteuerungsgüter, die dem anderen per DBA zugewiesen sind, über den Progressionsvorbehalt in sein Besteuerungsverfahren indirekt mit einbeziehen. Diese in allen DBA festgeschriebene internationale Gepflogenheit wird die Bundesrepublik künftig auch in ihrer Eigenschaft als Tätigkeit- bzw. Belegenheitstaat bei den sog. „schädlichen Einkünften" (siehe Schaubild in Kap. 3.1) geltend machen. Unter dem Vorwand, die verbesserte Situation der Grenzpendler vollends den Inländern anzupassen, setzt sich der deutsche Gesetzgeber im europäischen Alleingang über Normen des internationalen Steuerrechtes hinweg.

Sicherlich sollen die ausländischen Einkünfte dem deutschen Finanzamt bekannt gemacht werden. Wie anders soll es entscheiden, ob bei einer ausreichenden Besteuerungsmasse im Wohnsitzstaat die persönlichen Verhältnisse nicht *dort* berücksichtigt werden können. Mit dieser Art der Kontrolle einschließlich dem dazugehörigen „Formularkrieg" mußten schließlich die aus den Niederlanden einpendelnden Grenzgänger seit über 15 Jahren leben. Aber die Einbeziehung jener „Bagatelleinkünfte" (wie sehr doch dieser Begriff täuscht!) ist doch ein Novum in der internationalen wie nationalen Rechtspraxis.

Überdies trägt der steuerrechtliche Sonderweg der Deutschen, der als „Errungenschaft in der Pendlerbesteuerung" gefeiert wird, nur mehr zur weiteren Verwirrung bei, wie das nachstehende Beispiel zeigt:

Beide Eheleute wohnen in Belgien, der Ehemann (EM) bezieht in Deutschland steuerpflichtigen Arbeitslohn (z.B. über die „45-Tage-Regelung"), die Ehefrau (EF) bekleidet eine Halbstagsstelle in der Aachener Privatwirtschaft. Das Ehepaar hat drei minderjährige Kinder.

a) Bisherige Situation

EM Bruttoarbeitslohn:	DM 80.000	StKl I mit Freibeträgen 12.400 DM wegen der Kinder
Jahressteuer auf Lohn:	DM 15.000	
EF Bruttoarbeitslohn:	DM 28.000	Besteuerung in Belgien mit „vier Personen zu Lasten" (Ehemann + 3 Kinder rechnen sich steuermindernd) unter Einbeziehung der Einkünfte des EM über den Progressionsvorbehalt.
Jahressteuer auf Lohn:	DM 5.500	Würde der Ehemann nicht mitarbeiten, wäre die Steuerbelastung = 0 DM.
Gesamtbelastung Eheleute:	DM 20.500	

b) Situation nach Einführung „Grenzpendler-Neuregelungen" bei vergleichbarer Steuertabelle aus 1995

EM Bruttoarbeitslohn:	DM 80.000	StKl. III/3
1.) Jahressteuer allein auf Lohn	DM 11.200	
2.) Progressionsvorbehaltsauswirkung wegen Einkünfte der Ehefrau (28.000 DM./.4000 DM angenommene Werbungskosten):	DM 12.900	
EF Jahressteuer auf Lohn:	DM 5.500	
Gesamtbelastung Eheleute:	DM 18.400	

c) Für den Fall, daß beide Eheleute ihren Wohnsitz nach Deutschland verlegen, ergibt sich unter Berücksichtigung von 3 Kinderfreibeträgen, Werbungskostenpauschalen sowie 12.000 DM an Vorsorgeaufwendungen folgende alternative Berechnung:

Gesamtbelastung Eheleute: DM 13.700

Tatsache ist, daß der deutsche Fiskus seine im Zuge der Neuregelungen dokumentierte Großzügigkeit durch die Progressionsvorbehaltsanwendung gegenüber dem in Deutschland nichtansässigen Arbeitnehmer reduziert hat. Im angeführten Beispiel hat sich die ursprüngliche Vergünstigung in Höhe von 3.800 DM um ganze 1.700 DM verkürzt (ursprünglich 15.000 DM gegenüber jetzt 11.200 DM).
Unter dem Strich haben sich nunmehr Wohnsitz- und Tätigkeitstaat alleine durch den Progressionsvorbehalt um insgesamt 7.200 DM „schadlos gehalten". Es stimmt bedenklich, wenn man seitens des Gesetzgebers von „Angleichung an die Steuerinländer" spricht und nach „Umsetzung" dieses Vorhabens den zu c) ermittelten Wert betrachtet.
Der Progressionsvorbehalt als Ausgleichsinstrumentarium des deutschen Nicht-Wohnsitzstaates erweist sich als kurzsichtige Maßnahme, die überdies den bürokratischen Apparat noch weiter aufblähen wird. Sie laßt sich angesichts der aufgezeigten praktischen Auswertung nicht rechtfertigen. Die „Reform Grenzpendlerbesteuerung" insgesamt erweist sich als reformbedürftig. Das Bild paßt nicht in seinen Rahmen. Die Chancen, daß dieses halbherzige Reformwerk ein Bereinigungsgesetz zum Steueränderungsgesetz 1996 unverändert überstehen würde, dürften denn auch eher gering sein.

3.3

Optionen – die neuen Spielregeln für Grenzpendler anhand von Beispielen

Ganz bewußt wird die Vorstellung der Neuregelungen nicht mit einer Fülle von Rechenexempeln abgeschlossen. Dies hat im wesentlichen drei Gründe:

- Bei einer schablonenhaften Anführung von Beispielen wird ein hoch geschätzter Erfahrungswert der Steuerlehre mißachtet: Jeder Fall liegt anders und ist von daher auch anders zu beurteilen.

- Die neuen Gesetze stehen derzeit sozusagen noch völlig im leeren Raum: es fehlen Richtlinien, Verwaltungsverlautbarungen, Weisungen der Mittelbehörden an die Finanzämter. Nach dem zu urteilen, was diesbezüglich bislang umgesetzt worden ist, ist mancherlei Verwirrung zu befürchten. So gibt es z.B. ein Erörterungsschreiben aus einer Fachsitzung im Bundesfinanzministerium[36], in dem die Experten die Vorschriften des § 1 Abs. 3 EStG (der neuen Fassung!) derart auslegen, daß fallbezogen in die Steuerklasse III einzustufen ist. Solche „Weisungen" verschlagen einem die Sprache, wenn man bedenkt, daß diese Steuerklasse im Gesetzestext ausdrücklich ausgenommen ist.

- Der Leser sollte durch die bisher gewonnene Kenntnis über Hintergründe, Zustandekommen und (Schwachstellen der) Ausformulierungen der Gesetze in die Lage versetzt sein, seine steuerliche Situation selber zu beurteilen und ggf. mit einem Angehörigen der steuerberatenden Berufe zu erörtern.

Wenn die Grenzpendler auch mit den Neuregelungen „spielen" können, so gibt es dazu jedoch einige „Spielregeln", die in diesem Kapitel vorgestellt werden. Wer sie befolgt, wird „Ergebnisse" erzielen, von denen ein deutscher Steuerinländer nur träumen kann.
Diese „Spielregeln" sollen an dem nachfolgenen Musterfall erläutert werden:

36 BMF IV B6 — S 2000 — 60/95 v. 29.09.95, BStBl. 95 I S. 429

Ausgangssituation:
Die in den Niederlanden oder Belgien wohnenden Ehegatten beziehen nachstehende Einkünfte, für die das jeweilige DBA der Bundesrepublik das Besteuerungsrecht einräumt.

Ehemann (EM)

a) Einkünfte aus Gewerbebetrieb (§ 15 EStG)	DM 300.000
b) Einnahmen als Arbeitnehmer (§ 19 EStG)	DM 120.000 (Bruttolohn)

Ehefrau (EF)

a) Einkünfte aus Beteiligung (§ 15 EStG)	DM 50.000
b) Einkünfte aus Vermietung (§ 21 EStG)	DM 20.000
c) Einnahmen als Arbeitnehmer (§ 19 EStG)	DM 50.000 (Bruttolohn)

Optionsmöglichkeiten:

1.) Zusammenveranlagung gem. § 1a EStG
(wie deutscher Steuerinländer)
Steuerlast DM 232.120

2.) EM Veranlagung gem. § 1 Abs. 4 EStG
+ § 50 Abs. 5 EStG
EF Veranlagung gem. § 1 Abs. 4 EStG
+ § 50 Abs. 4 EStG
Steuerlast gesamt DM 198.100

3.) EM und EF wählen Veranlagung gem. § 1 Abs. 3 EStG
Steuerlast gesamt DM 232.100

Varianten:
Bei Wegfall des Arbeitslohnes der EF

wie 1.) Steuerlast DM 205.600

wie 2.) EM § 1 Abs. 4 + § 50 Abs. 5 EStG
EF § 1 Abs. 3 EStG
Steuerlast gesamt DM 187.500

wie 3.) EM und EF je Veranlagung gem. § 1 Abs. 3 EStG
Steuerlast DM 210.300

Die sechs Zahlen zur Steuerlast sprechen für sich und bedürfen keines Kommentares. An den Optionsmöglichkeiten werden die Schwachstellen des gesamten Gesetzespaketes deutlich. Nicht mehr der Steuerrechtler ist primär als Berater gefragt, sondern der Steuermathematiker!

Eine andere zentrale Schwachstelle besteht darin, daß die „Schädlichkeitsgrenze“ viel zu hoch angesetzt ist. Was bisher zumindest immer in *einem* Staate gänzlich unterblieb, kann jetzt durchaus in Wohnsitz- *und* Tätigkeit- bzw. Quellenstaat eintreten: die Berücksichtigung der persönlichen Verhältnisse.

Ausgangssituation 1:
Die in Belgien wohnenden Eheleute beziehen folgende Einkünfte:

1.)	EM Rente in Belgien umgerechnet	DM 20.000
2.)	EF Beamtenbezüge aus Deutschland	DM 70.000

Bisherige steuerliche Konsequenz:

1.) EM zahlt in Belgien DM 5.800 an Steuern wegen der Einbeziehung des Gehaltes der EF über den Progressionsvorbehalt
2.) EF zahlt in Deutschland Steuern nach StKl. I/0 wegen der (bisher) zu hohen ausländischen Einkünfte des EM insgesamt DM 16.000

Gesamtsteuerlast DM 21.800

Steuerliche Auswirkungen ab 1996:

1.) ohne Veränderung DM 5.800
2.) StKl. III mit Progressionsvorbehalt auf Ertragsanteil der Rente (§ 22 EStG), angenommen mit 30 %, Steuertarif durch Progressionsvorgehalt: 18 % Steuern DM 11.520

Die Steuerzahlung in Belgien bewirkt hier übrigens nur der Progressionsvorbehalt auf das Gehalt der EF! Dieser erhöht die deutsche Einkommensteuerschuld um lediglich 1,8 %. Auf die besser Verdienenden wirkt der neu eingeführte Progressionsvorbehalt bei beschränkt Steuerpflichtigen geradezu belustigend.

Ausgangssituation 2:
Der Steuerpflichtige wohnt in Belgien oder den Niederlanden. Er bezieht

Einkünfte aus deutschem Gewerbebetrieb	DM 300.000
Einnahmen aus Kapitalvermögen	DM 30.000

Vergleichsberechnung bei Wohnsitz in Deutschland:

a)	Einkünfte Gewerbe	DM 300.000	
b)	Einkünfte Kapitalvermögen	DM 18.000	(vermindert um Freibetrag DM 12.000)

	DM 318.000	
abzgl. Sonderausgaben	./. DM 12.000	
zu versteuerndes Einkommen	DM 306.000	
Steuerlast		DM 116.600
Tatsächliches Steuerergebnis bei Option für § 1a EStG		
Steuer auf Einkünfte in Deutschland:	DM 111.000	
– der Progressionsvorbehalt wirkt sich nicht aus, weil der Spitzensatz erreicht ist.		
Steuer auf Einkünfte in Belgien:	DM 3.900	
– ausdrücklich kein Progressionsvorbehalt		
Steuerlast gesamt		DM 114.000

Der hier vorgestellte Steuerpflichtige ist ehrlich: die vorzulegende Bescheinigung der belgischen Behörden über die dortigen (ausländischen) Einkünfte weist die Kapitalerträge nicht aus: Sie werden mit 13 % pauschal besteuert – ähnlich der deutschen Zinsabschlagsteuer.
Eine weitere eklatante Schwachstelle besteht dort, wo die – wohlgemerkt aus dem Ausland stammenden – schädlichen Einkünfte aus rechtsterminologischen Gründen in deutsche Einkünfte umgewandelt werden. Erinnert sei an das Beispiel der Beamtin und deren Ehemann, der in Belgien Rente bezieht. Die dortige Steuerpflicht auf die volle Rente und deren deutsche „Umrechnung" in einen Ertragsanteil führt zu dem abwegigen wie ungewollten Ergebnis.
Die wenigen Fallbeispiele wollen das Interesse wecken, sich mit den angekündigten „Spielregeln" näher zu befassen, die in prägnante *Merksätze* gefaßt werden:

– *Wer „nur" wegen der Anwendung des Splittingtarifs zwischen §§ 1a und 1 Abs. 3 rechnet, wird feststellen: In über 95 % der Fälle ist dieser Tarif auch bei geschickter Einkünfteverteilung auf die Ehegatten dem Grundtarif überlegen.*

– *Es sollte immer geprüft werden, ob die Miteinbeziehung der Lohneinkünfte in ein Gesamtveranlagungsverfahren gewünscht wird. Das erste Fallbeispiel rät davon ab unter Berufung auf § 50 Abs. 5 EStG – und zwar mit verblüffend vorteilhaften Ergebnissen.*

- *Wer mit den §§ 1a bzw. 1 Abs. 3 operiert, muß die ausländischen Einkünfte – zumindest bis zu Höhe von 24.000 DM – offenlegen. Der deutschen Finanzverwaltung wird damit möglicherweise Einblick in Vermögensverhältnisse gegeben, die der Steuerbürger gar nicht offenbaren will! Das böse Erwachen kann dann z.B. im Erbfall eintreten: Dann greift keine Auskunftsverbotklausel[37] mehr, der Fiskus zieht seine Schlüsse „hintenherum“ über die Einkommensteuerakten. Es handelt sich nicht um eine Steuerhinterziehung, wenn z.B. Kapitaleinkünfte – unabhängig davon, in welchem Staat sie erzielt wurden – dem deutschen Fiskus nicht mitgeteilt werden. Allerdings muß dann konsequent für § 1 Abs. 4 EStG optiert werden.*

- *Apropos § 1 Abs. 4 EStG: Diese Vorschrift mit dem Inhalt „Berücksichtigung keinerlei persönlicher Verhältnisse“ erscheint nur auf den ersten Blick Nachteile zu bringen. In Wirklichkeit kann vielmehr im Verzicht auf die nur scheinbar durchschlagenden Entlastungen aufgrund der persönlichen Verhältnisse der Gewinn liegen. Der oben angeführte Musterfall bestätigt dies recht eindrucksvoll.*

- *Die neuen Vorschriften schreiben die ursprüngliche beschränkte Steuerpflicht, die weiterhin Bestand hat, in eine „fast unbeschränkte Steuerpflicht“ um. Diese Form der persönlichen Steuerpflicht bleibt allerdings ausschließlich den deutschen Steuerinländern vorbehalten. Mit den §§ 1a und 1 Abs. 3 EStG, die formell eine unbeschränkte Steuerpflicht festlegen, erhält die Bundesrepublik nun aber keinesfalls den Status des Wohnsitzstaates. Darauf sollten die Betroffenen auch gegenüber der deutschen Finanzverwaltung stets beharren: Die deutsche Besteuerungskompetenz bleibt in diesem Fall völkerrechtlich beschränkt. Allein der Bürger gestattet Einblick in seine Einkünfte, die er im Wohnsitzstaat oder in einem Drittstaat erzielt hat.*

- *Wer für zurückliegende Zeiträume (vor 1996) die personenbezogene Besteuerung beantragt, sollte bedenken, daß § 1 Abs. 3 EStG hier nicht anwendbar ist. Stattdessen sollte man auf § 50 Abs. 4 EStG zurückgreifen und beachten, daß der Unterhaltsabzug für den Ehegatten „nur“ maximal 7.200 DM beträgt. Die Kombination des § 50 Abs. 4 mit § 1 Abs. 4 EStG ist also durchaus möglich.*

37 Vgl. Kap. 6.3

– *Schließlich ein Rat an kinderreiche Ehepaare: Nutzen sie die Lücken der deutschen Gesetze! Wer im Wohnsitz- oder Tätigkeitstaat über Besteuerungsmasse verfügt, kann in beiden Staaten die Kinder steuermindernd geltend machen. Dabei kann der pfiffige Grenzpendler – gleich welcher Art seine Einkünfte in Deutschland sind – doppelt so viele Kinder steuerlich „absetzen" wie er in Wirklichkeit hat. Den deutschen Finanzbehörden müssen die tatsächlichen „ausländischen" Verhältnisse ja bekanntlich nicht offenbart werden.*

Wer sich in etwa nach diesen „Spielregeln" richtet und sich die Mühe macht, die verschiedenen Kombinationsmöglichkeiten durchzurechnen, kann dort Steuern sparen, wo es dem deutschen Steuerinländer verwehrt ist.

4

BESONDERHEITEN DES DOPPELBESTEUERUNGSABKOMMENS MIT BELGIEN

4.1

Ursachen, Hintergründe, Aussichten – eine Antwort auf viele dumme Sprüche

Die sogenannten Grenzgänger[38] machen ein eigenes Kapitel erforderlich, das sich der „Besteuerung deutsch-belgischer Grenzpendler" widmet. Unter dieser Bezeichnung wird das deutsch-belgische DBA in einem eigenen Unterabschnitt zu Artikel 15[39] behandelt. Das DBA Belgien stammt aus dem Jahre 1967. Das DBA Niederlande wurde im Jahre 1959 abgeschlossen und zuletzt 1980 revidiert. Wer allerdings von „Grenzgängern" spricht und dabei „Grenzpendler" meint, benutzt irrtümlicherweise einen steuerrechtlich fest besetzten Begriff. Insbesondere in Diskussionen, die sich um fachliches Niveau bemühen, führt eine solche Verwechslung zu mancherlei Peinlichkeiten. Aber es gilt noch einigen anderen Vorurteilen und Halbwahrheiten zu entgegnen. Zu diesen zählt die häufig auftretende Behauptung, daß das immerhin ältere DBA mit den Niederlanden viel einfacher konzipiert sei. Diese Behauptung bezieht sich auf die Regelung der Arbeitnehmerbesteuerung, die pauschal auf das gesamte Abkommen übertragen wird. In der Tat, es ist manches *anders*, aber keineswegs *einfacher* als im deutsch-niederländischen Abkommen. Wir erkennen also in beiden mit Deutschland geschlossenen Verträgen Unterschiede, deren bedeutendste hier aufgelistet und erläutert werden:

- Die unterschiedliche Arbeitnehmerbesteuerung bezeugt, daß auch DBA Werke ihrer Zeit sind. In 1967 pendelten etwa 150 Arbeitnehmer täglich von Belgien nach Deutschland. Die Zahlen für 1995 lauten: Etwa 4.000 einpendelnden Lohn- und Gehaltsempfängern stehen 50 gegenüber, die in umgekehrter Richtung ihre Arbeitsstätte in Belgien aufsuchen.

- Das belgische Steuerrecht kennt keine Vermögensteuer. Somit ist die „Abkommensfirmierung" („Regelung verschiedener Fragen auf dem Gebiete der Steuern von Einkommen und Vermögen") etwas irreführend: belgischerseits werden also nur die *Einkünfte* aus dem Vermögen, nicht dieses *selbst* oder dessen Zuwachs besteuert, wie dies in Deutschland auch für beschränkt steuerpflichtige Personen geschieht.

- Belgien rechnet die deutsche Kapitalertragssteuer an, wenn es z.B. Dividenden besteuert. Die Niederlande tun dies (als einziges europäisches DBA-Land) einseitig *nicht*.

---

38 Vgl. Kap. 4.2
39 Vgl. Anhang

- Für eine in Deutschland ansässige Person gilt hinsichtlich der Einbeziehung von Einkünften aus den Niederlanden wie aus Belgien die Freistellungsmethode[40] – ausgenommen Dividenden und Zinsen. Bei den letztgenannten Einkünften gilt die Anrechnungsmethode. Nach dem DBA Belgien findet die Anrechnungsmethode auch auf überhöhte, mißbräuchlich vereinbarte Lizenzgebühren Anwendung.

- Für eine in den Niederlanden ansässige Person gilt hinsichtlich der Einbeziehung von Einkünften aus Deutschland *nie* die Freistellungsmethode. In Belgien dagegen wird sie exakt spiegelbildlich zur Praxis des deutschen Wohnsitzstaates angewendet (s. o.).

- Die „Mutter-Tochter-Richtlinie" der EG ist in beiden Abkommen noch nicht ausdrücklich umgesetzt.

- Das deutsch-belgische DBA enthält als eines der ganz wenigen Abkommen, welche Deutschland bisher abschloß, im Schlußprotokoll von 11.04.67[41] eine „Erlaubnisanwendung" *innerstaatlicher* Mißbrauchsvorschriften als *höherrangiges* Rechtsgut gegenüber dem DBA selbst. Um dieses Instrumentarium der sogenannten „Abkommensverdrängung" beneiden uns viele EU-Staaten. Diese konnten sich nämlich untereinander nicht auf eine solch effiziente Klausel einigen.

Die aufgezeigten Detailunterschiede zwischen den beiden Abkommen wollen das deutsch-belgische DBA aus einem Blickwinkel beleuchten, den die meisten – auch direkt Betroffenen – wohl kaum kennen. Dabei wurde der wichtigste Aspekt bisher gar nicht erwähnt: Zwischen beiden Staaten laufen z.Zt. Verhandlungen zur Revision dieser Abkommen. U.a. geht es um eine völlige Änderung der Arbeitnehmerbesteuerung mit dem Ziel der ausschließlichen Besteuerungsrechtvergabe an den Tätigkeitstaat.
Dazu gibt es ein pointiertes Novum in der deutschen Abkommensgeschichte. Die von der neuen Fiskalkompetenz u.U. profitierende Bundesrepublik soll einen Fiskalausgleich an die belgischen Kommunen zahlen. Beide Seiten favorisieren die „neue Spielart" eines DBA. Über Modalität und Zahlungshöhe

40 Vgl. Kap. 2.1
41 Vgl. dort Ziff.17

gehen die Meinungen jedoch noch weit auseinander. Dazu gesellen sich in unmittelbarem (auch zeitlichem) Zusammenhang stehende neue Probleme, die die steuerlichen Reformpläne unmittelbar berühren:

– die bevorstehende Teilnahme von in Belgien ansässigen Deutschen an den dortigen Kommunalwahlen;

– die völlige Abkehr von der „Wohnsitzstaatbesteuerung" mit dem dadurch verbundenen weiteren Versickern belgischer Steuerquellen;

– der Versuch, die scheinbar unausweichliche Verzahnung von Wahlrecht und totalem Einkommensteuerausfall belgischerseits durch einen angemessenen Fiskalausgleich aus Deutschland sozusagen aufzubrechen.

Diese Probleme bedürfen einer schnellen Lösung, die jedoch durch die vorschnellen Äußerungen des deutschen Finanzministers über die Untauglichkeit Belgiens für die EU-Währungsunion und durch die „laufenden Eklats" bei den belgischen Steuerämtern wegen des deutschen Umgangs mit der „45-Tage-Regelung"[42] erschwert werden dürfte.
All diese hier nur angedeuteten Brennpunkte sind vor dem Hintergrund eines zum Teil bis ins Detail hinein erprobten DBA zu betrachten – sieht man einmal von den Schwächen dieses Abkommens im Komplex „Arbeitnehmerbesteuerung" ab. Und Hand aufs Herz: Die sich in diesem Bereich aus der belgischen Besteuerung „herausprotestierenden" Betroffenen haben doch nicht etwa „ein Mehr an Steuergerechtigkeit" im Sinn. Ihnen geht es auch nicht darum, den weltweiten Trend zur „Tätigkeitstaatbesteuerung" geltend zu machen. Sie möchten vielmehr in den Genuß der – zufälligerweise – niedrigeren deutschen Besteuerung kommen.

Fazit: Statt dummer Sprüche helfen einzig sachliche Diskussionen, um die Probleme der deutsch-belgischen Steuerbeziehungen zu lösen.

42 Ausführlicher dazu vgl. Kap. 4.3

4.2

„Irrgarten" Arbeitnehmerbesteuerung – gewolltes oder gewachsenes Chaos?

Nur wenige Themenbereiche im internationalen Steuerrecht reichen in ihrer Komplexität an das Kapitel „Arbeitnehmerbesteuerung nach dem deutsch-belgischen DBA“ heran. Schwierigkeiten haben mit Sicherheit all jene, die zu den derzeit laufenden Überarbeitungsverhandlungen Beiträge glauben liefern zu können, wenn sie sich diese Komplexität nicht vergegenwärtigen. Wie bei keiner anderen DBA-Einkunftsart spielen hier nämlich *sechs* Artikel direkt eine bedeutende Rolle, obwohl nur einer von ihnen (Art. 15 DBA) in seiner Überschrift „unselbständige Arbeit“ unmittelbar auf die Arbeitnehmerbesteuerung deutet.
Stecken wir zunächst einmal den Rahmen der DBA-Aussagen ab. Die neben jenem Artikel relevanten Vorschriften lauten:

Art. 16

„Aufsichtsrats- und Verwaltungsratsmitglieder von Aktien- oder Kapitalgesellschaften“

In seinem Absatz 2 wird das Besteuerungsrecht für Geschäftsführer einer in Deutschland ansässigen Kapitalgesellschaft (z.B. einer GmbH) diesem Staate zugesprochen. *Dies gilt umgekehrt nicht!*

„Irrgarten“: Von einer „ersatzweisen“ Anwendung des Art. 15 kann also keine Rede sein.

Art. 19

„Vergütungen und Ruhegehälter aus öffentlichen Kassen“

Die Angehörigen des deutschen Öffentlichen Dienstes sind typische Arbeitnehmer mit steuerrechtlich atypischer Behandlung, was die Arbeitnehmerbesteuerung nach der deutsch-belgischen DBA-Systematik betrifft. Die Staatsdiener versteuern in dem Land, in dem die gehaltsauszahlende Kasse sitzt. Diese grundsätzliche „Erlaubnisnorm“ wird durchbrochen:

– wenn der Arbeitnehmer nicht (neben der des Wohnsitzstaates auch) die Staatsangehörigkeit des Gehaltszahlungsstaates besitzt. Es gilt dann wiederum nicht Art. 15, sondern der vorstehende Artikel 19 (Absatz 1, Unterabsatz 2) vergibt das Besteuerungsrecht unmittelbar an den Wohnsitzstaat. In keiner anderen Passage des Abkommens spielt die Staatsangehörigkeit eine (direkt auf die Vergabe des Besteuerungsrechts bei der einzelnen Einkunftsart) derart einschneidend-entscheidende Rolle;

– wenn die als Arbeitgeber fungierende Gebietskörperschaft als gewerbliches Unternehmen der Öffentlichen Hand (STAWAG, ASEAG, Sparkasse – um nur einige zu nennen) firmiert. *Hier liegt ein großer Unterschied zum DBA mit den Niederlanden, das solche Betriebe mit dem Öffentlichen Dienst völlig gleichstellt.*

„Irrgarten“: Zur Ausnahme „Staatsangehörigkeit“ fällt auf, daß zwei in Eupen wohnende, am Aachener Klinikum tätige Ärzte je nach Staatsangehörigkeit DM 1.200 pro Monat weniger/mehr an Steuern zahlen: Sie wohnen zwar Tür an Tür, sie arbeiten gleichrangig im selben Operationssaal, ihre Ehefrauen sind belgischer Nationalität. Aber der eine von ihnen hatte rechtzeitig die deutsche Staatsangehörigkeit angenommen – natürlich aus fiskalischen Gründen.

Art. 17
„Selbständige Künstler und Sportler“

Ob die Moderatorin eines deutschen Privatfernsehsenders oder die Kicker verschiedener deutscher Bundesligavereine überhaupt eine selbständige Arbeit ausüben *können*, sei dahingestellt. Fest steht, daß beide „Sorten“ von Künstlern und Sportlern in Belgien wohnen und in Deutschland nicht unbeträchtliche Saläre einstreichen. Dabei werden diese „Promis“ selbstverständlich behandelt als Bezieher von Einkünften i. S. des Artikel 17. Daß Profifußballer Arbeitnehmer sind, verraten alleine schon deren Lohnsteuerkarten in den Geschäftsstellen der Vereine. Gleichwohl behandeln diese ihre im Nachbarstaat wohnenden Stars als „selbständige Sportler“ mit den bekannten steuerlichen Vorteilen. Die Vergabe des Besteuerungsrechts an den „Ausübungsstaat“ ist damit faktisch nur von untergeordneter Bedeutung.

„Irrgarten“: „Typische“ Arbeitnehmer werden nicht als „unselbständig Arbeitende“ i. S. des Art. 15“ bezeichnet, wenn sie eine medienwirksame Tätigkeit ausüben. Sie beziehen dann Einkünfte, die in einem eigenen Artikel behandelt werden. Natürlich sucht man einen solchen „Lehrsatz“ in einem Steuerrechtslehrbuch vergebens.

Art. 18
„Ruhegehälter“

Gemeint sind nicht die aus Öffentlichen Kassen gezahlten LVA-BfA-Renten, bzw. Beamtenpensionen, sondern z.B. Betriebsrenten der Privatwirtschaft. Das Besteuerungsrecht hat hier *allein* der Wohnsitzstaat.

„Irrgarten“: Von welchem Staat das Besteuerungsrecht in Zeiten des bestehenden aktiven Arbeitsverhältnisses ausgeübt wurde, bleibt unberücksichtigt. Es ist also durchaus möglich, daß z.B. wegen der Belegenheit der Arbeitsstätte außerhalb der Grenzzone das Besteuerungsrecht auf den Arbeitslohn beim Tätigkeitstaat, auf die spätere betriebliche (Zusatz-)Rente beim Wohnsitzstaat liegt. Eine einheitliche Regelung, die eine Kontinuität zwischen Berufsleben und Ruhestand vorsieht, kommt also in der Steuerpraxis nicht zum Tragen.

Art. 20
„Hochschullehrer“

Dieser Artikel behandelt das Besteuerungsrecht auf das Honorar der sog. Gastprofessoren, die in ihrem Wohnsitzstaat „ansässig“ bleiben, während sie im „anderen“ Staate an einer dort „belegenen“ Universität bzw. öffentlich-rechtlichen Lehr- und Forschungsanstalt dozieren. Wenn diese wissenschaftliche Tätigkeit nicht die Dauer von zwei Jahren überschreitet, dann kann die dafür gezahlte Vergütung nur im Wohnsitzstaat besteuert werden. Diese Vergütung hat in aller Regel den Charakter eines Gehalts, d.h. die einladende Hochschule ist Arbeitgeber. Die Vergabe des Besteuerungsrechtes (nach dem OECD-Musterabkommen[43]) will den internationalen Wissenschaftleraustausch u.a. dadurch fördern, daß der „Ausübungsstaat“ dem eingeladenen Gastprofessor völlige Steuerfreiheit auf das Vorlesungshonorar zusichern kann.

43 Vgl. Kap. 1.2

„Irrgarten": Ein weiterer „Untertyp" des Arbeitnehmers wird kreiert. Der Sinn dieses Artikels verliert innerhalb der EU zusehends an Gewicht. In der Praxis wir er mißbraucht: von den Personen, die im Gefolge des Professors mitreisen.

Die hier aufgelisteten „Nebenschauplätze" sind dem eigentlichen Haupt-Artikel 15 zur Arbeitnehmerbesteuerung deshalb vorangestellt worden, weil dieser nur im Lichte dieser „Nebenschauplätze" verständlich wird.
Der Analyse von Artikel 15 ist eine kurze Differenzierung in zwei Fallgruppen vorangestellt, um in die verwirrende Vielfalt seiner Einzelbestimmungen ein wenig Ordnung zu bringen.

Fallgruppe 1

Der in Belgien wohnende Arbeitnehmer zahlt dort Steuern von seinem Lohn, wenn:

A) die Betriebsstätte (BS) seines Arbeitgebers in Deutschland innerhalb der Grenzzone belegen ist (Art. 15 Abs. 3);

B) seine Arbeitsstätte in Deutschland liegt (gleich wo auch immer), er aber alle drei Voraussetzungen des Art. 15 Absatz 2 erfüllt;

C) die Tätigkeit an Bord eines Seeschiffes oder Flugzeuges (im internationalen, wie im Binnenverkehr) für einen Unternehmer mit Geschäftssitz in Belgien ausgeübt wird (Art. 15 Abs. 3 Ziff. 2);

D) es sich um eine Vergütung für die Tätigkeit im deutschen Öffentlichen Dienst handelt und der Vergütungsempfänger die belgische Staatsbürgerschaft besitzt (Art. 19 Abs. 1);

E) die Voraussetzungen zu A) im Laufe des Jahres eintreten, nachdem wegen Arbeitgeberwechsel Art. 15 Abs. 1) nicht mehr gilt.

Fallgruppe 2

Der in Belgien wohnende Arbeitnehmer zahlt in Deutschland von seinem Lohn Steuern, wenn:

A) er dort als Arbeitnehmer im Öffentlichen Dienst beschäftigt ist und die deutsche (möglicherweise neben anderen) Staatsangehörigkeit besitzt (Art. 19);

B) die Betriebsstätte eines Arbeitgebers in Deutschland außerhalb der Grenzzone belegen ist (Art. 15 Abs. 1);

C) auf ihn inhaltlich die „Verständigungsvereinbarung zur Anwendung der Grenzgängerregelung (Art. 15 Abs. 3 Nr. 1)" zutrifft;

D) eine der Voraussetzungen zum „Arbeitnehmertyp Fallgruppe 1 Ziff. B) während des laufenden Jahres entfällt (Art. 15 Abs. 1).

Es lassen sich also fünf Varianten bei der Zuteilung des Besteuerungsrechtes nach Belgien unterscheiden, „nur" vier bei der an Deutschland. Die einfache Erklärung: Den „Arbeitnehmertyp B aus Fallgruppe 1" kann es – bezogen auf den deutschen Tätigkeitstaat – logischerweise nicht geben.
Die Übersicht zeigt: hinter der Arbeitnehmerbesteuerung – so sie denn im Artikel 15 abgehandelt wird – steckt schon auf den ersten Blick wenig Systematik. Symptomatisch dafür ist der „Typus D aus Fallgruppe 1": Erst die Umkehrung des Artikels 19 (d.h. wenn die belgische Staatsangehörigkeit *nicht* vorliegt) macht den öffentlich Bediensteten zum Gegenstand von Artikel 15 Abs. 3.[44]
Lassen wir die einzelnen „Typen", mit knappen Anmerkungen versehen, noch einmal Revue passieren:

Fallgruppe 1

Zu A) Die Grenzzone bemißt sich in ihrer Ausdehnung weder nach Auto- noch nach Luftlinienkilometer. Maßgeblich für die Beurteilung „innerhalb" oder „außerhalb" ist das dem Abkommenstext beigefügte Ortsverzeichnis für Gemeinden in Nordrhein-Westfalen und Rheinland-Pfalz.

44 Vgl. Anhang

„Irrgarten“: Die Definition „Grenzzone“[45] entstammt dem Schlußprotokoll zum Abkommen. Dort heißt es, „daß eine gedachte Linie, die in einer Entfernung von 20 km beiderseits der gemeinsamen Grenze der beiden Staaten verläuft, die Grenzzone markiert.“ Seitdem die sog. Zollgrenzbezirke sowie die Grenzkontrollen weggefallen sind, verliert diese 20-km-Zone ihren praktischen Sinn und ihre Berechtigung.

Zu B) Fälschlicherweise wird der Absatz 2 des Abkommensartikels immer wieder mit der sogenannten „183-Tage-Klausel“ verwechselt. Das ist nicht ungefährlich. So beläßt die Vorschrift des Abkommensartikels das Besteuerungsrecht dann dem Wohnsitzstaat, wenn:

– die Tätigkeit im anderen Staate während des Kalenderjahres an nicht mehr als 183 Tage ausgeübt wird (Sonn- und Feier- sowie Urlaubstage mitgezählt) *und*

– die Vergütungen von einem *Arbeitgeber* ohne Wohnsitz in jenem (anderen) Staate gezahlt werden *und*

– diese nicht zulasten einer im anderen Staate „belegenen“ Betriebsstätte des Arbeitgebers gehen.

„Irrgarten“: In der Praxis vermag zumeist weder der Arbeitgeber noch der Arbeitnehmer eindeutig zu beurteilen, ob alle drei Voraussetzungen für eine „Wohnsitzstaatbesteuerung“ gegeben sind. Zudem ist diese oftmals gar nicht erwünscht, und so wird dem Steueramt des Wohnsitzstaates das Zusammentreffen jener drei für ihn „günstigen“ Voraussetzungen erst gar nicht angezeigt. Dieser wird und kann aber gar nicht deren Existenz vermuten: Weder die ihm zugängliche Daten von Arbeitnehmern noch die von Arbeitgebern lassen entsprechende Rückschlüsse zu.

Zu C) Als Tätigkeitsort wird der Sitz des Geschäftsbetriebes fingiert.

45 Vgl. Anhang

Zu D) Die „Tätigkeitstaatbesteuerung" entfällt, wenn der Einkünftebezieher nicht die Staatsangehörigkeit des Kassenstaates oder diese nicht neben der des Wohnsitzstaates besitzt.

„Irrgarten": Nach belgischem Rechtsverständnis ist eine doppelte (deutsche *und* belgische) Staatsangehörigkeit ausgeschlossen. Im übrigen wird auch hier dem Mißbrauch Tür und Tor geöffnet: Welche öffentliche deutsche Kasse prüft z.B. nach, ob der Vergütungsempfänger den „einen" neben dem „anderen" Reisepaß bei sich trägt?

Zu E) Die täglich aufgesuchte Betriebsstätte wechselt von „außerhalb" der Grenzzone nach „innerhalb", wobei die Gründe dafür beim Arbeitgeber oder Arbeitnehmer (neues Beschäftigungsverhältnis) liegen können.

„Irrgarten": Im Zusammenwirken mit der „45-Tage-Regelung"[46] kann das Splitten des Kalenderjahres (und damit das Interpolieren zu Art. 15 Abs. 1 und Abs. 3) vom Arbeitnehmer zu dessen Vorteil ausgenutzt werden. Der „schlaue" Rechner wählt zwischen Aufteilung der Jahressteuern auf zwei Staaten oder beläßt diese insgesamt dem (bei höheren Löhnen meist günstigeren) deutschen Tätigkeitstaat.

Fallgruppe 2

Zu A) Der Normalfall des öffentlich Bediensteten

„Irrgarten": Niemand kennt den plausiblen Grund für eine weitere Unterteillung der Arbeitnehmerschaft in – steuerrechtlich gesehen – „Normale" und „Privilegierte" (des Öffentlichen Dienstes). Abgesehen von diesem Verwirrungseffekt liegt hier eine Diskriminierung der „einfachen" Arbeitnehmer vor.

Zu B) Endlich eine geradlinige, internationalen Gepflogenheiten angepaßte Vorschrift: Tätigkeitstaatbesteuerung ohne Wenn und Aber. Der Wohnsitzstaat könnte sich durch Fiskalausgleich[47] oder über den Pro-

46 Vgl. dazu ausführlicher Kap. 4.3
47 Vgl. Kap. 4.5

gressionsvorbehalt entschädigen – sofern man dies unter den EU-Staaten überhaupt noch für notwendig erachtet.

Zu C) Diesem Typus ist das nachfolgende Kapitel gewidmet.

„Irrgarten“: Die „45-Tage-Regelung“ trägt zur zusätzlichen Verwirrung bei, indem sie die Ausnahme zur Ausnahme des Art. 15 Abs. 3 bestimmt.

Zu D) Der bereits besprochene Typ Fallgruppe 1 B) wurde auch als „Optionseinstieg in die Tätigkeitstaatbesteuerung“ dargestellt. In der Praxis wechselt das Besteuerungsrecht daher nicht, weil eine der Voraussetzungen des Art. 15 Abs. 1 während des Kalenderjahres entfallen wäre, sondern weil der Arbeitnehmer erkannte, daß er Steuern sparen kann, wenn er diesen Passus übergeht.

„Irrgarten“: Zu diesem Passus bedarf es keines weiteren Kommentars.

Eine Hilfestellung bei dem Versuch, sich in diesem Wirrwarr einigermaßen zurechtzufinden, vermag folgende Faustregel zu geben:

> *Suchen Sie akribisch zunächst im Artikel 15, sodann in der „45-Tage-Regelung“ und zuletzt in Artikeln 16-20 nach Gründen, die einer „Tätigkeitstaatbesteuerung“ entgegenstehen können. Sie werden feststellen, daß die „Wohnsitzstaatbesteuerung“* ***die*** *Ausnahme bleibt!*

Es bietet sich an, dieses mit Regeln, Ausnahmen und Ausnahmeregelungen zu den geregelten Ausnahmen reichlich gespickte Unterkapitel mit einer *ungeregelten* Ausnahme sowie einer *ausnehmenden* Regelung zu beschließen:

„Irrgarten“: Art. 15 Abs. 4: „die Bestimmungen dieses Artikels gelten nicht für Einkünfte, auf die die Artikel 16, 18, 19 und 20 anzuwenden sind.“ Diese Ausnahmebestimmung ist deswegen ohne Regel, weil sie – wie aufgezeigt – in den Fällen der Art. 16-19 letztlich doch in Artikel 15 Abs. 1 mündet.

„Irrgarten“: Die in Deutschland üblichen Ehegattenarbeitsverträge lassen dem Arbeit*nehmer* Lohneinkünfte zufließen. Konsequenterweise müßte sich die Vergabe des Besteuerungsrechtes bei dem in Belgien ansässigen „Arbeiterehepaar" an der „Betriebsstättenbelegenheit" des Arbeitgebers orientieren. *Dem ist nicht so!* Das belgische Steuerrecht erkennt hier zwei gleichberechtigte, nebeneinander tätige Selbständige mit folgender Konsequenz: Wird z.B. das Gehalt der beschäftigten Ehefrau von einer Betriebsstätte gezahlt, die innerhalb der Grenzzone liegt, dann geht das Besteuerungsrecht (zunächst) gem. Art. 15 Abs. 3 an den belgischen Wohnsitzstaat. Er wird dieses aber nach Maßgabe seiner nationalen Vorschriften für gewerbliche Einkünfte (= „verdeutschter" Ausdruck) ausüben. Dabei fällt zum einen die belgische Besteuerung gegenüber einem Arbeitnehmer vergleichsweise härter aus (z.T. auch durch die Zahlung von Pflichtbeiträgen zur Sozialversicherung der Selbständigen). Zum anderen schafft der aus deutscher Sicht gutgemeinte Vertrag Besteuerungsmasse im Wohnsitzstaat. Dabei werden jedoch Aspekte der Progressionsvorbehaltsanwendung und ggf. der Schädlichkeitsgrenzenüberschreitung[48] nicht berücksichtigt.

Zu allem Überfluß: Der nächste Irrgarten wartet bereits im nachfolgenden Kapitel.

---

48 Vgl. dazu die eingehende Erläuterung in Kap. 4.3

4.3

Die leidige „45-Tage-Regelung" – behördlich genehmigte Einladung zum Mißbrauch des Abkommens

In amtlicher Bezeichnung lautet die „45-Tage-Regelung“: „Verständigungsvereinbarung zur Anwendung der Grenzgängerregelung gem. Art. 15 Absatz 3 Nr. 1“. Nachzulesen im „BMF-Schreiben v. 09.07.82 – IV C 5 – S1301 – Belgien – 51/82“[49].
Seit ihrer Existenz sorgt sie für gegenseitige Schuldzuweisung seitens deutscher und seitens belgischer Steuerbehörden. Was hat es mit dieser Vereinbarung auf sich, die sich in Grenzgängerkreisen wachsender Beliebtheit erfreut? Warum wird sie den belgischen Steuerbehörden immer suspekter?
In den Augen der deutschen Ministerialbürokraten war die Grenzgängerregelung i. S. des Art. 15 Abs. 3 schon vor 1980 nicht weit genug gefaßt. Den Beamten schwebte die im revidierten DBA mit Frankreich ausgehöhlte „Wohnsitzstaatbesteuerung“ für Arbeitnehmer vor. Und exakt diese setzte man in einem Verständigungsverfahren offenbar problemlos durch. Bis heute bleibt schleierhaft, aus welchen Gründen die belgische Seite dem deutschen Vorschlag so wenig entgegensetzte. Aber auch die deutschen Motive bleiben im dunkeln. Das Steueraufkommen der Bundesrepublik Deutschland zu mehren, dürfte hier wohl kaum im Vordergrund gestanden haben. Es riecht förmlich nach einem blindem Aktionismus der deutschen Seite, die zu jener Zeit gerade die langwierigen Revisionsverhandlungen mit den Niederlanden beendet hatte. Derart zeitintensive Sitzungen machte das auf den Weg gebrachte Flickwerk, genannt „45-Tage-Regelung“, überflüssig. In kurzen Strichen nachgezeichnet, liest sich dieses Anhängsel des gesamten DBA wie folgt:

> *Der Grenzgängerstatus geht verloren, wenn der Arbeitnehmer an mehr als 45 Arbeitstagen während des Kalenderjahres außerhalb der Grenzzone beschäftigt ist oder – so er denn innerhalb der Grenzzone beschäftigt ist – an mehr als 45 Arbeitstagen nicht zum Wohnsitz zurückkehrt.*

Zwei Kriterien stehen hier nebeneinander. Zwar benötigt der innerhalb der Grenzzone regelmäßig beschäftigte Arbeitnehmer (= klassischer Grenzgänger i. S. des Art. 15 Abs. 3) eine Bescheinigung des Arbeitgebers mit der ausdrücklichen Bestätigung, daß auf seine Weisung hin die Beschäftigung außerhalb der Grenzzone nötig ist. Aber Papier ist bekanntlich geduldig und die meisten Betriebseigener bzw. ihre Vertreter stehen den „Wünschen“ ihrer Mitarbeiter gar nicht ablehnend gegenüber. Warum sollten sie auch? Sie ver-

---

49 Vgl. Anhang

helfen ihren Angestellten ohne eigene Belastung zum Einstieg in die günstigere Besteuerung. Das zuständige „Betriebsstättenfinanzamt" wird sicherlich keine Außenprüfer beauftragen, die Tätigkeiten des Arbeitnehmers außerhalb der Grenzzone bis ins letzte zu überprüfen. Die belgischen Steuerkontrollämter verfügen nämlich nur über die Informationen, die ihnen ihr steuerpflichtiger Bürger an deutschen Testaten auf den Schreibtisch legt. Die belgischen Beamten können wohl oft genug das Papier knistern hören, auf dem z.B. das Versicherungsbüro in Aachen seinem Mitarbeiter „Kundenakquisition außerhalb der Grenzzone an 47 Tagen des Kalenderjahres X" bestätigt. Sollten die belgischen Behörden nachfragen und Spesenabrechnungen o.ä. verlangen, wird ihnen von Steuerpflichtigen und Arbeitgebern treuherzig versichert: Alles im Gehalt inbegriffen; Kosten brauchten nicht ersetzt zu werden. Die Problemlosigkeit, mit der eine Beschäftigung außerhalb der Grenzzone nachgewiesen werden kann, wird noch zusätzlich gesteigert. So stellt sich schon beim ersten Lesen die Frage, warum über das „Warum" der Nichtrückkehr an keiner Stelle etwas verlautet. Der Einschub „aus beruflichen Gründen" hinter die 45 Arbeitstage hätte den Anreiz zum Mißbrauch zumindest auf dem Niveau der Gefälligkeitsbescheinigung durch den Arbeitgeber belassen. In der vorliegenden Fassung jedoch werden auch *private* Gründe zugelassen. Daran können weder Steuerjuristen noch Erlasse von Ober- und Mittelbehörden etwas ändern.

So mehren sich die Fälle, da

- die kranke Schwiegermutter bis zu zweimal wöchentlich über Nacht betreut werden muß,
- der Urlaub (ausdrücklich nicht in die 45-Tage einbezogen!) zum Bildungsurlaub bei der süddeutschen Privatschule X „umbenannt" wird,
- das allwöchentliche Kegeln im Kalenderjahr 48 Abende der Volltrunkenheit bedeutet, an denen man beim Freund nächtigt und eben nicht zum Wohnsitz zurückkehrt.

In den Steuerkontrollämtern in Eupen und Verviers stapeln sich die Akten mit derart dubiosen Behauptungen. Die Verstimmung über die Steuerpflichtigen (beileibe nicht nur Deutsche, sondern auch „echte" Einheimische mit deutschem Arbeitsplatz!) nimmt merklich zu.

Unbestreitbar gibt es die „Beschäftigung außerhalb der Grenzzone“ und daneben auch – wenngleich in erheblich geringerem Umfang – ehrenwerte Privatgründe für die Nichtrückkehr. Aber selbst bei der Annahme, daß alle Arbeitnehmer nur der Wahrheit entsprechende Angaben machen würden, gibt es für die Einführung der besagten „45-Tage-Regelung“ auch nach 13 Jahren noch kein plausibles Argument.

4.4

Berührungen mit belgischem Recht – das Verwirrspiel geht noch weiter

Das gesamte 3. Kapitel behandelte mit der Besprechung der gesetzlichen Neuerungen zugleich auch immer die Möglichkeit der Besteuerung im „anderen", im Wohnsitzstaat. Nichts anderes meint jene Schädlichkeitsgrenze (90 % – absolut 12.000 DM / 24.000 DM), welche die ausländische Besteuerungsmasse bemißt. Diese Schädlichkeitsgrenze ist aber praktisch nur im deutsch-belgischen DBA bedeutsam. Der Grund liegt auf der Hand: Es ist die dem Leser mittlerweile hinlänglich bekannte Grenzgängerregelung (Art. 15 Abs. 3), die Belgien das Besteuerungsrecht zugesteht, wenn die Betriebsstätte, bei der ein in diesem Staat wohnender Arbeitnehmer beschäftigt ist, innerhalb der Grenzzone liegt. Im folgenden geht es jedoch nicht um die ausschließliche steuerliche Behandlung dieses Personenkreises im Wohnsitzstaat. Es ist auch kein Exkurs zum belgischen Recht vorgesehen, soweit es das deutsch-belgische DBA berührt.
Greifen wir noch einmal die Bestimmung über die „deutsche Schädlichkeitsgrenze i. S. der §§ 1a, 1 Abs. 3 EStG"[50] auf. Sie fragt nach den im Ausland bezogenen steuerpflichtigen Einkünften, um dann auf die deutsche Besteuerungsmodalität Einfluß zu nehmen. Die deutsche Wißbegierde bezüglich der nichtdeutschen Einkommensteuerquellen begegnete uns bereits im Zusammenhang mit den Methoden zur „Doppelbesteuerungs-Verhinderung"[51]. Vor diesem Hintergrund werden im Rahmen dieses Unterkapitels die „Berührungen" mit dem Steuerrecht des (belgischen) Wohnsitzstaates zu betrachten sein. Wie reagiert dieser auf die Verteilung der Einkünfte auf zwei Staaten?
Der Präzedenzfall ist hier nicht der in Belgien ansässige Unternehmer, der außer dem Gewinn aus seiner Aachener Betriebsstätte zusätzlich Dividenden aus der X-AG in München bezieht. Bekanntlich erhält dafür Belgien das Besteuerungsrecht. Wir müßten uns hier mit der „Anrechnungsmethode" auseinandersetzen, um aus deutscher wie belgischer Sicht den Fall korrekt zu lösen.
Wesentlich häufiger tritt der Fall auf, daß beide Ehegatten Arbeitnehmer sind: Er ist öffentlicher Bediensteter bei der Aachener Stadtverwaltung, Sie arbeitet als Sekretärin bei einer Versicherungsgesellschaft mit Niederlassung in Aachen. Das Besteuerungsrecht ergibt sich für den Ehemann aus Art. 19,

50 In der Fassung des Steueränderungsgesetzes von 1996.
51 Vgl. dazu das Stichwort Progressionsvorbehalt in Kap. 2.2

auf die Einkünfte der Ehefrau hat der belgische Wohnsitzstaat den fiskalischen Zugriff (Art. 15 Abs. 3). Die Einkünfte des Ehemannes wird das Eupener Steuerkontrollamt über den Progressionsvorbehalt[52] in den Besteuerungsvorgang mit einbeziehen. Das Gejammer der Betroffenen ist groß: Der Ehemann wird in Deutschland in die Steuerklasse I/0 eingestuft: Splittingtarif und Kinderfreibetrag bleiben auch nach neuen gesetzlichen Regelungen tabu.[53] Der Bruttoarbeitslohn der Ehefrau in der (angenommener) Höhe von 60.000 DM wird so belastet, als wäre das Gehalt von der Versicherungsgesellschaft die einzige Einkunftsquelle der Familie. Die Progressionsvorbehaltswirkung dreht z. T. mächtig an der Steuerschraube. Zugegebenermaßen treffen wir hier auf eine extrem ungünstige Konstellation. Sie ist für die Betroffenen nur verständlich, wenn sie sich entsprechend mit der Materie auseinandersetzen. Dann würde ihnen nämlich folgendes klarer:

a) Den deutschen Fiskus als Nichtwohnsitzstaat kümmern aus nur zu verständlichen Gründen[54] die persönlichen Verhältnisse nicht.

b) Die belgische Steuerverwaltung hält sich korrekt an die Bestimmung, als Wohnsitzstaat Ehemann und Kinder entlastend zu berücksichtigen. Wenn der belgische Staat über den Progressionsvorbehalt auf das Einkommen des Ehemannes zugreift, so ist dies im Zusammenhang gesehen durchaus rechtens. Ein Blick in Artikel 23 räumt diesbezüglich alle Zweifel beiseite.

Lautstarke Klagen über eine „behördliche Unverschämtheit" sind in diesem Falle unberechtigt. Der Grund für die mißliche Lage liegt vielmehr in der ungünstigen Verteilung des Familieneinkommens auf Wohnsitz- und Tätigkeitstaat. Leider greifen in diesen Fällen viele zur Selbsthilfe über die 45-Tage-Regelung, anstatt sich an die eigene Brust zu klopfen: Man hätte sich vor dem Umzug besser informieren sollen.
Deshalb kann der Hinweis hilfreich sein:

---

52 Vgl. Kap. 2.2
53 Vgl. Kap. 3. – zur Schädlichkeitsgrenze
54 Vgl. Kap. 2.1

Die Anwendung des Progressionsvorbehalts durch die belgische Steuerverwaltung wirkt sich um so stärker aus, je höher sich das (in Belgien) befreite Einkommen beläuft.
Ist das befreite, d.h. das der Bundesrepublik zur Besteuerung zugewiesene Einkommen kleiner als die belgische Besteuerungsmasse, wirkt sich der Progressionsvorbehalt günstiger aus.

Rechnen und dann handeln – eventuell durch Reduzierung der Arbeitszeit – ist gefordert. Unsachliche Schimpfkanonaden und Beschwerdebriefe an die Politiker sind zumindest in diesem Fall nicht gerechtfertigt.

4.5

Aussichten und Ansichten – was bringt die Zukunft?

Die Revisionsverhandlungen zum deutsch-belgischen DBA laufen derzeit. Sie zielen auch auf die Änderung der Arbeitnehmerbesteuerung. Darüber sind sich beide Seiten einig. Wer nun meint, dafür stünde die Einsicht Pate, das (ausführlich dargestellte) Verwirrspiel zu beenden, der irrt gewaltig. Es spielen hier ganz andere Überlegungen eine Rolle. Der Bundesfinanzminister strebt eine Lösung nach dem OECD-Muster an – als ein Beitrag zur Harmonisierung der Abkommen auf EU-Ebene gedacht. Im Klartext heißt dies Übergang zur reinen Tätigkeitstaatbesteuerung. Zwar gäbe es dann nur noch drei mit Deutschland geschlossene Abkommen mit dem Ziel, mittels Grenzgängerklauseln eine partielle Wohnsitzstaatbesteuerung aufrechtzuerhalten. Aber gerade diese OECD-Abkommen (z.B. mit Schweiz und Frankreich) wurden erst jüngst in Verhandlungen über die Arbeitnehmerbesteuerung bilateral auf dem Kurs „Grenzgängerklauseln" gebracht. Das Argument der OECD-Musterabkommensangleichung wirkt angesichts solcher Fakten unaufrichtig.

Der belgische Finanzminister erschien ebenfalls mit dem Vorschlag „Tätigkeitstaatbesteuerung" am Verhandlungstisch. Zuvor war dem deutschen Partner jedoch klipp und klar als Gegenleistung für die entfallende Grenzgängerbesteuerung die Zahlung eines „kommunalen Fiskalausgleiches" angetragen worden. Hintergrund: Die Argumentation für die OECD-Musterkongruenz ließ sich schwer erschüttern. Dagegen schien sich die Klage über „kommunale Infrastrukturunterstützung ohne Kostenbeteiligung" publizistisch gut zu verkaufen. Einen Akzent ganz eigener Art setzte der Raerener Bürgermeister: Ihm schwebte vor, den Zusammenhang zwischen der Ausübung des aktiven wie passiven Wahlrechtes durch die „Nicht-Steuerzahler" und deren möglicher Mitbestimmung über das Gemeindebudget aufzulösen. Das würde bedeuten, daß das 200 Jahre alte Leitmotiv der Boston-Tea-Party „no taxation without representation" in das Gegenteil verkehrt würde: „no representation without taxation"! Ob es die Menschen im Dreiländereck gerne hören oder nicht, eine solche Einrede ist kameralistisch durchaus schlüssig und leicht zu popularisieren.

Das deutsche Finanzministerium beeilte sich mit der Zustimmung zum Fiskalausgleich, und nun geht es im Grunde genommen „nur" noch um die Höhe der von Bonn zu erbringenden Ausgleichszahlung. Diese wird sich – so der letzte Stand der Dinge – stark am Zuschlagsanteil der belgischen Kommunen auf den Gesamtsteuerbelastungsbetrag orientieren. Derzeit beträgt der direkt den Gemeinden von der Einkommensteuer ihrer inländischen

„Normalsteuerzahler" zufließende Obolus sechs bis neun Prozent. Die immer wieder eingeforderte völlige Umstellung auf Arbeitnehmer-Wohnsitzstaatbesteuerung zeugt von wenig Sachkenntnis. Sie überliest die „Randartikel" 16-20 und deren Auswirkungen, die nicht mit einer ersatzlosen Streichung der Abschnitte 1 und 2 aus Artikel 15 zu beseitigen sind.

Fassen wir zusammen: Die derzeitigen Zustände im Bereich der Arbeitnehmerbesteuerung sind unhaltbar. Nicht nur wegen ihrer völlig desolaten gesetzlichen Grundlage. Niemand kann bestreiten, daß dies ausschließlich zu Lasten der belgischen Finanzverwaltung geht. Das betrifft den bisher erheblichen Steuerausfall durch die in unserem Nachbarstaat seit Jahren explosionsartig zunehmende Wohnsitznahme durch Angehörige des deutschen Öffentlichen Dienstes. Die „45-Tage-Befreiungsregel" sowie die „egoistische" Ausnutzung anderer Abkommensartikel von deutscher Seite aus erzeugen auf belgischer Seite zu Recht Verbitterung. Diese angespannte Lage kann nur von Seiten der Deutschen durch positive Signale bei den laufenden Revisionsverhandlungen abgebaut werden, die – so schätzt man realistisch in ca. 18 Monaten abgeschlossen sein werden. Es ist nur zu wünschen, daß beide Vertragsparteien ein gemeinsames weites europäisches Herz haben.

5

WIE EIN UMZUG INS NACHBARLAND ZU EINEM BÖSEN ERWACHEN FÜHREN KANN – UND WAS MAN DAGEGEN TUN SOLLTE

Anders als in den vorangegangenen Kapiteln sollen in diesem Kapitel konkrete Anregungen gegeben werden, um Standardsituationen besser beurteilen zu können, um gegen plakative Argumente gewappnet zu sein, einfach um zu größerer Vorsicht zu mahnen.

5.1

Ungünstige Konstellationen – was man *vor* dem Umzug bedenken sollte

Die Schwankungen auf dem grenzüberschreitenden Wohnungssektor beruhen fast immer auf der traurigen Tatsache, daß die in freudiger Erwartung Umgezogenen später an ihrer steuerlichen Situation regelrecht zerbrechen. Über die steuerliche Seite ihres grenzüberschreitenden Wohnsitzwechsels haben sie sich „vorher" zumeist keine Gedanken gemacht. In einen auch für Laien leicht verständlichen „Merksatz" gefaßt, können „ungünstige Konstellationen" dann vorliegen,

> *wenn der Alleinstehende, einer der Ehegatten oder gar beide Einkünfte beziehen, für die der neue Wohnsitzstaat das Besteuerungsrecht hält und **gleichzeitig** Einkünfte im Tätigkeitstaat zu besteuern sind.*

In der Praxis bedeutet das: Alle Einkünfte notieren, anschließend das DBA Belgien oder Niederlande zu Rate ziehen und das Besteuerungsrecht hinter die jeweiligen Einkünfte vermerken! Dabei sollten die im 3. Kapitel besprochenen neuen Vorschriften beachtet werden. Problematisch *kann* es dann werden, wenn eine Besteuerung nach deutschem Recht unter Berücksichtigung sämtlicher persönlicher Verhältnisse *nicht* erreicht werden kann. Bekanntlich können z.B. Splittingtarif, Abzugsmöglichkeiten von Kinderfreibeträgen, Sonderausgaben, Krankheitskosten etc. unter Umständen auch nach 1996 nicht geltend gemacht werden, dann nämlich, *wenn* die im Ausland steuerpflichtigen Einkünfte 12.000 DM bzw. 24.000 DM übersteigen. Diese setzen sich aber exakt aus jenen Einkünften zusammen, auf die der neue Wohnsitzstaat das Besteuerungsrecht hat. Im Falle der Veranlagung in Deutschland als *echter beschränkt Steuerpflichtiger* wird die Belastung bekanntlich spürbar größer. Die diesbezüglich in Kap. 2.1 vorgestellten Werte gelten auch noch nach 1996! Sie wachsen weiter an, bzw. die steuerliche *Gesamtbelastung* steigt durch die Anwendung des Progressionsvorbehalts im belgischen oder niederländischen Wohnsitzstaat. Man sollte sich darüber im klaren sein,

> *daß die Summe aus Mehrsteuern (gegenüber der Zeit der Wohnsitznahme in Deutschland) und der möglichen zusätzlichen Steuern im deutschen Wohnsitzstaat leicht die Möglichkeiten der Haushaltskasse ausreizen kann.*

Übrigens: in unseren Nachbarstaaten gestaltet sich der Steuertarif progressiver als bei uns. Dadurch entsteht ohnehin eine Mehrbelastung. So wird etwa

der Bruttoarbeitslohn eines Nichtverheirateten in Höhe von 50.000 DM in Belgien mit knapp 15.000 DM, in Deutschland mit 8.500 DM steuerlich belastet.
Die Antwort auf die Frage nach den „ungünstigen Konstellationen" wird unter Umständen höchst unterschiedlich ausfallen – je nachdem wie der konkrete Einzelfall gelagert ist. „Ungünstig" sieht es – vorsichtig formuliert – aus:

- bei Verheirateten mit Wohnsitz in Belgien. Beide beziehen Arbeitslohn, davon ist gem. Art. 15 Abs. 2 der *eine* (in Höhe von über 26.000 DM) dort zu besteuern, der *andere* gem. Art. 19 in Deutschland;

- bei Verheirateten mit Wohnsitz in Belgien oder den Niederlanden. Ein Ehegatte bezieht Einkünfte aus freiberuflicher Tätigkeit ohne Bezug zu einer „festen Einrichtung" im deutschen Tätigkeitstaat. Somit geht das Besteuerungsrecht an den jeweiligen Wohnsitzstaat (z.B. Art. 24 DBA Belgien). Der andere Ehegatte bezieht Einkünfte (irgendwelcher Art), die in Deutschland besteuert werden;

- außer Einkünften (irgendwelcher Art), die der Ehegatte oder der Nichtverheiratete mit Wohnsitz in den Niederlanden bezieht und die in Deutschland zu versteuern sind, fließen Kapitaleinkünfte aus Deutschland oder den Niederlanden.

Die Quintessenz dieser Beispiele lautet: Das Besteuerungsrecht ist derart auf den Wohnsitz- und den Tätigkeit-Belegenheit-Quellenstaat verteilt, daß die neuen deutschen EStG-Vorschriften *nicht* zur Anwendung kommen. Man ist gut beraten, zur Beurteilung der zukünftigen steuerlichen Situation im neuen Wohnsitzstaat einen Steuerberater zu konsultieren – natürlich *vor* dem Umzug.

5.2

GmbH-Gesellschafter mit Wohnsitz im Nachbarstaat – ein Tabu

Der Betrieb, die Betriebsstätte, die Firma – gleich wie man es nennen mag – bleibt steuerrechtlich gesehen in Deutschland. Daran ändert sich nichts, auch wenn der „Betriebsinhaber“ seinen Wohnsitz nach Belgien oder in die Niederlande verlegt. „Gewinne besteuert stets der Staat, in dem sie erzielt werden.“ Das sind immer wieder zu vernehmende Behauptungen aus dem Standardrepertoire von selbsternannten Fachleuten, die in den jeweiligen DBA offenbar den Artikel 7 (DBA Belgien) bzw. 5 (DBA Niederlande) überlesen haben. In diesen Artikeln wird einvernehmlich dem Belegenheitstaat der Betriebsstätte das Besteuerungsrecht auf die erzielten Gewinne zugesprochen.
Der kleine, aber entscheidende Unterschied zum „normalen Unternehmen“ liegt dort, wo eine GmbH im steuerlichen Sinne *nicht* „Gewinne“ *erzielt*, sondern Dividenden *ausschüttet* oder mit diesen *Rücklagen bildet* (Fachausdruck: „Gewinne thesaurieren“).
Während also der Einzelunternehmer oder der an einer Personengesellschaft (Kommanditgesellschaft, Gesellschaft bürgerlichen Rechts u. ä.) Beteiligte den (anteiligen) Gewinn *direkt* seiner persönlichen Einkommensbesteuerung unterwirft, liegen die Dinge bei einer *Körperschaft* (z.B. einer GmbH) anders: ihr Gewinn wird „für sich alleine“ festgestellt, mit Körperschaftsteuer belegt und *dann* erst erfolgt die erwähnte Ausschüttung oder Thesaurierung. Dem deutschen Steuerinländer wird es letztlich in steuerlicher Hinsicht gleichgültig sein, ob dem Finanzamt der Gewinn des Einzelunternehmens, der Personen-Gesellschafts-Beteiligung oder die erhaltene Dividende aus einer GmbH vorgelegt wird. Die Belastung bleibt unter dem Strich die gleiche.
Wenn es gleichgültig zu sein scheint, ob der Profit „Gewinn“ oder „Dividende nach Gewinnbelegung mit Körperschaftsteuer“ heißt, dann wird der Leser sich fragen, warum diese unterschiedlichen Bezeichnungen hier so ausführlich behandelt worden sind. Um dies zu verdeutlichen, müssen wir uns dem DBA und seiner Bestimmungen zur Besteuerung der Dividenden zuwenden. In Art. 13 (DBA Niederlande) bzw. 10 (DBA Belgien) wird das Besteuerungsrecht auf *diese* Einkunftsart an den Wohnsitzstaat vergeben. Im Falle des DBA Belgien erhält der Herkunfts- oder Quellenstaat der Dividenden ein auf 15% begrenztes sogenanntes Quellenbesteuerungsrecht. Dieser Betrag wird später im belgischen Wohnsitzstaat angerechnet. Was sich für den ins Nachbarland verzogenen Gesellschafter ändern wird, wollen wir an einem Zahlenbeispiel verdeutlichen:

Ausgangssituation:

Die in Deutschland ansässige GmbH „X“ erwirtschaftete einen Gewinn von 1.000 DM. Wir verfolgen den Zufluß an den Gesellschafter

	DM 1.000		
./.	DM 450	=	45 % Körperschaftsteuer
	DM 550	=	Ausschüttungspotential
	DM 700	=	herzustellende Ausschüttungsbelastung ergibt maximal auszuschüttendes Kapital
+	DM 300	=	3/7 anrechenbare Körperschaftsteuer
./.	DM 175	=	25 % des Ausschüttungskapitals als Kapitalertragsteuer
	DM 525	=	Zufluß beim Gesellschafter

Gesellschafter wohnt in Deutschland	**Gesellschafter wohnt in Belgien**
1.) Reicht seine Einkommensteuererklärung ein	1.) Kann keine Einkommensteuererklärung einreichen (Besteuerungsrecht in Belgien)
2.) Erklärt DM 1000 Einnahmen aus Kapitalvermögen	2.) Besteuerung von DM 700 ./. 15 % Quellensteuer DM 105 Steuerbemessungszahl DM 595 Steuerlast z.Zt. mindestens DM 150 (= 25 %)
3.) DM 300 + DM 175 (Körperschaft- und Kapitalertragsteuer) werden von der späteren Steuerschuld abgezogen	3.) DM 70 werden vom Bundesamt für Finanzen erstattet (Differenz zwischen 25 % und maximal zulässiger 15 % Kapitalertragsteuer)
4.) Annahme: sonst keine steuerpflichtigen Einkünfte: Erstattung von DM 475	4.) Die Belastung ergibt sich aus DM 150 (Steuern Belgien) + DM 300 (nichtabziehbare KöSt) + DM 105 (nicht abziehbare Kapitalertragsteuer)
5.) Verbleibende Dividende: DM 1000	5.) Verbleibende Dividende: DM 445

Absichtlich wurde Belgien als Wohnsitzstaat gewählt, um die Anrechnungsmethode besser zu verdeutlichen: Von einem echten *Abzug* der deutschen Quellensteuer kann hier wohl keine Rede sein.
Sind die Niederlande der Wohnsitzstaat, dann wird nicht angerechnet. Die Abzugsteuer wird vielmehr direkt über den Progressionsvorbehalt (Art. 13 i. V. m. Art. 20 Abs. 3 DBA Niederlande) mit einbezogen.
Weil die unter 4.) angeführten Belastungen für einen in Belgien ansässigen Gesellschafter häufig falsch eingeschätzt werden, wollen wir uns noch einmal etwas genauer mit diesem Probem befassen:
Flossen dem Dividendenbezieher keine weiteren nach dem DBA in Deutschland steuerpflichtigen Einkünfte zu, *bleibt* es beim 15%igen Quellensteuerabzug. Damit sind sämtliche deutschen Ansprüche abgegolten. Es kann nicht zur Einkommensteuerveranlagung kommen, weil Deutschland kein weiteres Besteuerungsrecht hat. Das ist der entscheidende Grund für die Nichtanrechenbarkeit der Körperschaftsteuer.
Bezog der Dividendenbezieher weitere in Deutschland steuerpflichtige Einkünfte, dann kommt es zwar zu einer Veranlagung, aber auch dann sind die Dividenden nicht mit einbezogen.

Auch wenn das „alte", bis 1995 geltende Pendlergesetz (§ 50 Abs. 4 EStG i. d. F. v. 1994) die Anrechenbarkeit der Körperschaftsteuer ausdrücklich gestattet, so ist und bleibt ein Abzug der Körperschaftsteuer ausgeschlossen. Die entsprechende Textformulierung war zu wenig durchdacht – obgleich sachkundige Bürger bereits im Anhörungsverfahren ausdrücklich darauf hingewiesen hatten!

Wer von den in den Niederlanden oder Belgien Ansässigen kann jetzt noch deutsche GmbH-Anteile halten?
Die Ministerialbürokratie aller drei beteiligten Länder hat diese Frage seit Jahrzehnten nur deshalb zum Tabu erklären können, weil sie einer breiten Öffentlichkeit offenbar viel zu wenig bekannt war.

5.3

Leib-, Betriebs- oder Altersrente –

Rente ist nicht gleich Rente

Keine Sorge, hier wird niemand verängstigt. Der aus sozialversicherungsrechtlichem Blickwinkel zutreffende Satz: „Rentner können nicht nach Belgien oder in die Niederlande verziehen" findet sich *so* nicht in der grenzüberschreitenden steuerlichen Betrachtung.
Zur Beruhigung: Wer mit Wohnsitz in Belgien oder den Niederlanden außer LVA-, BfA- oder ähnlichen Renten (Ärzteversorgung!) keine weiteren Einkünfte aus Deutschland bezieht, zahlt nirgends und niemals irgendwelche Einkommensteuern.
Es gibt zwei Gründe für diese erfreuliche Nachricht:

a) Beide DBA vergeben für die genannten Renten das Besteuerungsrecht ohne Wenn und Aber nach Deutschland;
b) Deutschland übt sein Besteuerungsrecht nicht aus – egal wie *hoch* die Rente ist oder wenn beide Ehegatten *hohe* Renten beziehen[55].

In b) haben die Grenzpendler einen Status, um den sie deutsche Steuerinländer bis einschließlich zum Veranlagungszeitraum 1995 beneiden: die sogenannten Ertragsanteile können – insbesondere bei zwei rentenbeziehenden Ehegatten – durchaus zur Einkommensteuerschuld führen. Ab 1996 befreit der Einbau des sogenannten Existenzminimums in die Einkommensteuertabellen von der Möglichkeit der Rentenbesteuerung überhaupt.
Auf andere „Rentenkonstellationen" treffen allerdings derart günstige Beurteilungen nicht zu. Bleiben wir zunächst bei den Beziehern von Renten der genannten Kategorien, d. h. solcher aus öffentlichen Kassen. Der deutsche Besteuerungsverzicht endet dort, wo im Zusammenhang mit dem Bezug weiterer Einkünfte, die dem deutschen Besteuerungsrecht unterliegen, eine Gleichstellung mit dem deutschen Steuerinländer angestrebt wird.[56] Wer also z.B. die eigenen Mieteinkünfte oder die gewerblichen Gewinne des Ehemannes über die Antragsveranlagung nach § 1a EStG ab 1996 in einem Verfahren mit Splitting und Kinderfreibeträgen besteuert sehen will, *muß* den Ertragsanteil einer solchen Rente angeben.
Apropos „Ertragsanteil": unsere Nachbarstaaten kennen ihn nicht. Das hat zur Folge, daß Renten voll in die Besteuerung mit einfließen. Deshalb gibt es oft ein böses Erwachen, wenn die in der Rentenbesteuerung grundsätzlich

55 Rechtsgrundlage: § 49 Abs. 1 Ziff. 7 EStG
56 Vgl. dazu Kap. 3

vom deutschen Fiskus verwöhnten Grenzpendler in Belgien oder den Niederlanden ihre sogenannten Zusatzrenten *dort* besteuern müssen, denn:

> *Sämtliche nicht aus deutschen öffentlichen Kassen gezahlten Renten (betriebl. Zusatzversorgung, Leibrente aus Immobilienverkäufen o.ä., Berufsunfähigkeits- und Schadensersatzrenten von Privatversicherungen) fallen ausnahmslos in die Besteuerungskompetenz des Wohnsitzstaates.*

Weil manche ihre Renten einfach gar nicht angeben, lassen sich nicht wenige belgische und niederländische Steuerämter die deutschen Steuerbescheide in Kopie aushändigen. Das ist legal, denn der Wohnsitzstaat hat bekanntlich den Zugriff aufs Welteinkommen. Und mit ein bißchen deutscher Nachhilfe lassen sich aus den Sonderausgaben durchaus freiwillige Beiträge zu Versicherungen herauslesen, die dann bewußt verschwiegene Leistungen aufspüren helfen.

Beziehen die Ehegatten Rentenbezüge öffentlicher *und* privater Herkunft oder ist dem Wohnsitzstaat Besteuerungsmasse aus anderen Einkünften zugewiesen, so wird *er* die Renten aus deutschen öffentlichen Kassen über den Progressionsvorbehalt mit einbeziehen – allerdings *nicht* mit dem Ertragsanteil, sondern in voller Höhe.

Als unstatthaft gilt, was leider des öfteren praktiziert wird: der Wohnsitzstaat besteuert eine Rente aus dem anderen Staate mit der Begründung, daß dieser das ihm zustehende Besteuerungsrecht nicht ausübe. Das internationale Steuerrecht spricht in solchen Fällen vom „Verbot der virtuellen Doppelbesteuerung“.

5.4

Thema „Schwarzgelder" – wie „weiß" werden sie beim Umzug?

Man müßte die Frage um den Zusatz verlängern „... oder bei der Rückkehr aus dem Ausland ...", weil sie auch *so* häufig dem Berater gestellt wird. Die seit nunmehr drei Jahren für deutsche Steuerinländer eingeführten hohen Freibeträge auf die Einnahmen aus Kapitalvermögen (6.000 DM/12.000 DM) haben die Steuerehrlichkeit nicht gerade verbessert. Es gehört gleichsam schon zum guten Ton, Gelder, die die Freibeträge übersteigen, ins Ausland zu transferieren.

„Erwerb eines Immobilienobjektes im Nachbarstaat beseitigt alle Schwierigkeiten" – so suggerierte jüngst ein Makler seinen Interessenten. „Besitz, der dort mit Schwarzgeld erworben worden ist, interessiert kein Finanzamt". Das erscheint zunächst einleuchtend. Andere gehen noch einen Schritt weiter: nach ihrer Wohnsitzverlegung werden das bis dato dem Finanzamt verschwiegene Kapitalvermögen und die daraus erzielten Einkünfte ganz offiziell bei deutschen Banken deponiert. Als Konten- bzw. Couponinhaber firmiert kein Strohmann, sondern der tatsächliche Eigner mit seiner „ausländischen" Anschrift. Wie die Nichteinbehaltung von Zinsabschlagsteuer bei „Gebietsfremden" beweist, interessieren deren Kapitalerträge den deutschen Fiskus nicht.

Ganz so sicher darf sich der Deutsche, der ein Einfamilienhaus in Belgien oder den Niederlanden erwirbt, nicht wähnen. Es sind Fälle bekannt, daß über eine Spontanauskunft[57] nach Bonn gemeldet wurde, daß Herr Y ein Haus für 400.000 DM ohne Aufnahme einer Hypothek erworben hat. In solchen Fällen wird der deutsche Fiskus im Rahmen der Vorschriften zur Amtshilfe innerhalb der EU von seinem „ausländischen" Bauherrn Rechenschaft verlangen.

Anders liegt die Sache bei Kapitalanlagen von Steuerausländern. Sie brauchen zwar den deutschen Fiskus *direkt* nicht zu fürchten. Dies gilt aber eben nur so lange, wie der Sonderstatus des beschränkt Steuerpflichtigen aufrechterhalten bleibt. In diesem Falle liegt in *Deutschland* keine „Steuerverkürzung" vor, wohl aber im Wohnsitzstaat. Denn diesem steht die Besteuerung der Zinserträge zu.

Künftig werden sich die allermeisten Grenzpendler nicht mehr auf den Steuerausländerstatus berufen, sondern mehr die Vorteile der neuen Gesetze[58] für sich in Anspruch nehmen. Dazu müssen jedoch spezielle Formulare ausge-

57 Vgl. Kap. 2.4
58 Vgl. Kap. 3

füllt werden, die nach der Höhe der „schädlichen Einkünfte“ fragen. Zu diesen zählen bekanntlich *auch* Kapitalerträge aus Deutschland, da sie der ausländischen Steuerpflicht unterliegen. Wer hier falsche Angaben macht und das Finanzamt über die wahre Höhe der Schädlichkeitsgrenze täuscht, begeht Steuerhinterziehung – und zwar in Deutschland. Abgesehen davon liegt eine direkte Steuerverkürzung im „Anlageland“ dann vor, wenn der Progressionsvorbehalt auf die restlichen Einkünfte unterlaufen wird.
Den Todesfall bedenken die wenigsten in ihrer Rechnung. Er beschert den Erben vor ihrem Zugriff auf das ersehnte Hab und Gut in Deutschland die Pflichtvorlage einer sog. „Unbedenklichkeitsbescheinigung“ des Finanzamtes. Dieses Testat wollen die Banken sehen, um sicher zu gehen, daß sie wegen eventueller Steuerschulden keine Sparguthaben zurückhalten müssen. Der Fiskus weiß jetzt genau, *wo wieviel* Geld liegt. Die Erbschaftsteuererklärung legt alles offen – zumindest wenn die Erben in Deutschland wohnen. Und trotz Austauschverbotes[59] bekam oft genug der Wohnsitzstaat des Verblichenen die Nase an die Erbbesteuerungsmasse aus Deutschland. Das wird künftig für ihn noch einfacher. Über die Einkommensteuerakten läßt sich das „Austauschverbot zwecks Besteuerung von Erbmasse“ leicht aushebeln: die Unbedenklichkeitsbescheinigung deckt durch den Vergleich mit den Einkommensteuerakten die Steuerhinterziehung in Deutschland auf. Damit steht einer Mitteilung an den Wohnsitzstaat nichts mehr im Wege.
Es klingt zwar altmodisch und wenig pfiffig: auch den Grenzpendlern beschert die Steuerehrlichkeit ein sanftes Ruhekissen. Im Steuerausländerstatus liegt nicht das Entree für das Land der „Weißeinkünfte“.

---

59 Vgl. Kap. 7

6

VERMÖGEN- UND ERBSCHAFTSTEUER – VON UNTERGEORDNETER BEDEUTUNG?

6.1

Grenzüberschreitende Vermögensteuer aus deutscher Sicht – der richtige Blickwinkel für den Grenzpendler

Wie bei der Einkommensteuer knüpft auch die Vermögensteuer die *unbeschränkte* Steuerpflicht an den inländischen Wohnsitz einer natürlichen Person. Diese Form der persönlichen Steuerpflicht meint das „Weltvermögen“, das sich wiederum auf das Gesamtvermögen erstreckt. Es ist die Bemessungsgrundlage bei der Veranlagung zur Vermögensteuer und setzt sich aus vier Vermögensarten zusammen: land- und forstwirtschaftliches Vermögen, Grundvermögen, Betriebsvermögen und sonstiges Vermögen. Das ausländische Vermögen wird nach den vorstehenden Arten unterteilt und als sog. „ausländisches Sachvermögen“ zusammengefaßt. Es spielt für unsere Betrachtung jedoch keine nennenswerte Rolle, weil das DBA den Zugriff darauf dem Wohnsitzstaat zugesteht.
Nichtansässige Personen unterliegen der *beschränkten* Vermögensteuerpflicht. Sie bewegt sich in ihrem Umfang – ähnlich wie die Einkommensteuer – innerhalb der vom DBA gezogenen Grenzen. So unterliegt nur das Inlandsvermögen der beschränkten Vermögensteuerpflicht.[60] Auch bei der Anwendung des DBA richtet sich die Zurechnung des Vermögens nach den Grundsätzen des deutschen Steuerrechtes, während der völkerrechtliche Vertrag die Steuerbefreiung für die jeweils im Wohnsitzstaat ansässige Person regelt.
Immer wieder werden von beschränkt Steuerpflichtigen Vermögensarten in die Erklärung hineingeschrieben, die dort nichts zu suchen haben. Deshalb scheint es ratsam, die einzelnen Vermögensarten etwas genauer zu betrachten. Die nachstehenden Erläuterungen gelten also auch für in Belgien ansässige Grenzpendler, auch wenn für sie in diesem Punkt das DBA nicht greift, weil Belgien keine Vermögensteuer kennt:

a) Inländisches land- und forstwirtschaftliches Vermögen, sofern ihm keine Wirtschaftsgüter überlassen sind.
b) Inländisches Grundvermögen, d.h alle Grundstücke, Erbbaurechte, Immobilienfonds und Wohnungseigentum. Die Bewertung erfolgt nach dem Einheitswert.
c) Inländisches Betriebsvermögen, das die Betriebsstätte (auch im DBA-Sinne) und die Gewinnerzielungsabsicht voraussetzt.
d) Sonstiges inländisches Vermögen, im wesentlichen die Anteile an inländischen Kapitalgesellschaften, wobei das sogenannte Nennkapital die Beteiligungshöhe ausweist.

---

60 Zum Begriff vgl. § 121 Abs. 2 Bewertungsgesetz

Achtung: Inländisches Kapitalvermögen zählt also nicht zum steuerpflichtigen Vermögen!

Bevor das Vermögen ermitttelt und anschließend der Steuersatz festgelegt wird, werden – wie beim Steuerinländer – Befreiungen und Freigrenzen berücksichtigt.[61] Unberücksichtigt bleiben hingegen alle persönlichen Steuerbefreiungen.
Wir müssen hier unmittelbar eine Betrachtung zur Steuerbefreiung nach dem DBA anschließen, weil alleine sie aus deutscher Sicht für den Grenzpendler maßgeblich ist.
Es bleibt bei dem Besteuerungsrecht des Belegenheitsstaates für immobiles Vermögen jeglicher Art. Dies gilt also auch dann, wenn es einer Betriebsstätte zuzurechnen ist. Vermögen, das nicht ausdrücklich anderweitig zugewiesen ist, wird stets im Wohnsitzstaat besteuert. Sind die Niederlande der Wohnsitzstaat, dann kommt die Anrechnungsmethode zur Verhinderung einer Doppelbesteuerung zur Anwendung.

61 Vgl. § 114 Abs. 3 Bewertungsgesetz

6.2

Vermögensteuer aus niederländischer Sicht – eine unerläßliche Anmerkung zur Anwendung des Doppelbesteuerungsabkommens

Die Vermögensteuer trifft Personen mit Wohnsitz in den Niederlanden ab dem 1. Tag eines Jahres. „Inländisches Vermögen" heißt Grundbesitz und Betriebsvermögen in den Niederlanden. Die mit den einzelnen Wirtschaftsgütern in Zusammenhang stehenden Schulden werden abgezogen.
Die niederländische Vermögensteuer beträgt 0,8 % des ermittelten Vermögens und wird *erlassen*, wenn sie zusammen mit der Einkommensteuer *mehr* als 68 % des steuerpflichtigen Einkommens beträgt.
Das deutsche „Sparvermögen" fällt übrigens konsequenterweise unter die niederländische Vermögensteuer, da nach dem DBA auch die Erträge aus diesen Sparvermögen dem niederländischen Besteuerungsrecht für die Einkommensteuer unterliegen. Der in den Niederlanden ansässige Grenzpendler ist selbstverständlich in den Niederlanden unbeschränkt vermögensteuerpflichtig. Deshalb hat er auch einen Anspruch auf Berücksichtigung von persönlichen Freibeträgen (zwischen 80.000 und 160.000 hfl), Kinderfreibeträgen (7.000 bzw. 41.000 hfl) sowie ergänzenden Freibeträgen.

6.3

Anknüpfungspunkte im Erbschaftsteuerrecht – und schon geht der Streit los

Die Dreiländereckstaaten haben keine DBA über die Erbschaftsbesteuerung abgeschlossen. Das hat politische Gründe, auf die hier nicht weiter eingegangen werden kann. In Erbschaftsfragen läuft es also stets auf eine Doppelbesteuerung hinaus, die nur über nationale Regelungen mehr schlecht als recht kompensiert werden kann.
Jedes der drei Länder legt schon bei der Annäherung an das Steuersubjekt unterschiedliche Maßstäbe an – sog. „Anknüpfungspunkte für die Besteuerung“:

A) Belgien
Auslösender Faktor für die Steuerpflicht ist der Tod des Erblassers – ohne Rücksicht auf dessen Nationalität:
- Hatte der Verstorbene seinen Wohnsitz zum Zeitpunkt des Todes *in* Belgien, fällt Erbschaftsteuer auf *sämtliche* im In- und Ausland belegene Vermögensteile (bewegliche oder unbewegliche) an. Schuldenabzug ist gestattet.
- Hatte der Verstorbene seinen Wohnsitz zum Zeitpunkt des Todes *außerhalb* Belgiens, fällt Erbschaftsteuer auf das in Belgien liegende *immobile* Vermögen an. Schuldenabzug entfällt.

B) Niederlande
- Hatte der Erblasser seinen Wohnsitz zum Zeitpunkt des Todes in den Niederlanden, fällt Erbschaftsteuer auf das gesamte in- und ausländische Vermögen an.
- Hatte der Erblasser seinen Wohnsitz zum Zeitpunkt des Todes nicht in den Niederlanden, wird der Wert des „übergehenden, in den Niederlanden gelegenen Vermögens“ besteuert.

C) Deutschland
- Maßgeblich sind der Wohnsitz des Verstorbenen *und* der Erben. Liegt dieser bei *beiden* in Deutschland, wird das gesamte in- und ausländische Vermögen der Erbschaftsteuer zugeführt.
  Gleiches gilt, wenn *nur* der Erbe seinen Wohnsitz in Deutschland hat.
- Wohnen beide im Ausland, wird nur das Inlandsvermögen i.S. des § 121 Bewertungsgesetz besteuert. Hierzu zählen *nicht* (das ist weitgehend unbekannt!) Bankguthaben, Wertpapiere, Schmuck und sonstige Gegenstände des Privatvermögens.

Anders als bei der Einkommensteuer ist ein direkter Vergleich zwischen den Steuerspitzentarifen der drei Länder durchaus aussagekräftig, selbst wenn – aus Vereinfachungsgründen – die persönlichen Freibeträge, die nirgends so hoch sind wie in Deutschland, in der Berechnung nicht berücksichtigt werden:

A) Niederlande
bei Erwerb über (umgerechnet) 1,4 Mio. DM zahlt man:

– in Steuerklasse I (Ehegatten, Kinder)	27%
– in Steuerklasse II (Geschwister)	53%
– in Steuerklasse III (andere)	68%

B) Belgien
bei Erwerb über (umgerechnet) 1,0 Mio. DM zahlt man:

– in Steuerklasse I (Ehegatten, Kinder)	30%
– in Steuerklasse II (Geschwister) bis Erwerb 350.000 DM	65%
– in Steuerklasse III (Tanten, Nichten, Neffen)	70%
– in Steuerklasse IV (andere)	80%

C) Deutschland
– bei Erwerb über 100 Mio. DM

– in Steuerklasse I (wie Belgien)	35%
– in Steuerklasse II	50%
– in Steuerklasse III	65%
– in Steuerklasse IV	70%

6.4

Vermeidung der Doppelbesteuerung – ein Beispiel aus deutscher Sicht

Die Fälle, in denen sich die jeweiligen nationalen Besteuerungsvorgänge mit solchen überschneiden, die in der aufgezeigten Vielfalt der Anknüpfungspunkte ihre Ursache haben, werden sich durch die zusammenwachsende EU noch vermehren. Die Angst vor einem fiskalischen Doppelzugriff auf ein und dasselbe Besteuerungsgut breitet sich im Dreiländereck zusehends aus, wobei diese Angst im wesentlichen auf Unkenntnis zurückzuführen ist.
Tatsache ist, daß alles auf eine Doppelbesteuerung hinausläuft, wenn – wie dies jeweils bei „unseren" drei Ländern der Fall ist – die *unbeschränkte* Steuerpflicht und damit den Zugriff auf das Weltvermögen reklamiert werden.
Deutschland vermeidet eine Doppelbesteuerung alleine auf dem Wege der „Steueranrechnung". Bei striktem Steuerabzugsverbot, das auch für ausländische Erbschaftsteuerschulden gilt, kommt es aber in den allermeisten Fällen unter dem Strich dennoch zu einer empfindlichen Doppelbelastung.
Die Anrechnung der belgischen oder niederländischen Erbschaftsteuer erfolgt dann, wenn die nachstehenden Voraussetzungen erfüllt sind:

1. unbeschränkte Steuerpflicht (also niemals, wenn Erblasser und Erbe Steuerausländer sind!);

2. auf Antrag;

3. Erhebung von Erbschaftsteuer auf in Belgien oder den Niederlanden belegenes Vermögen;

4. die Erhebung der belgischen oder niederländischen Erbschaftsteuer liegt nicht mehr als fünf Jahre hinter der Erhebung der deutschen Erbschaftsteuer zurück.

Diese Regelung gilt im übrigen nur bis zu einem Höchstbetrag. Dieser orientiert sich an dem Betrag der deutschen Erbschaftsteuer, der auf das ausländische Vermögen höchstens entfallen wäre. Die Ermittlung dieses Höchstbetrages erleichtert folgende Formel:

$$\frac{\text{Steuerpflichtiges Auslandsvermögen} \times \text{deutsche Erbschaftsteuer}}{\text{steuerpflichtiges Gesamtvermögen}}$$

Das im Ausland belegene Vermögen wird getrennt ermittelt:

a) für den Fall, daß der Erblasser zum Zeitpunkt des Todes Steuerinländer war. Das gilt für alle Vermögensgegenstände, die einer Besteuerung gemäß den Bestimmungen zur deutschen beschränkten Steuerpflicht[62] unterworfen werden;

b) war der Erblasser kein Inländer, zählt rein rechnerisch das Gesamtvermögen abzüglich der unter a) genannten Vermögensformen.

Abschließend sei darauf hingewiesen, daß diejenigen, die von einer Doppelbesteuerung besonders hart betroffen sind, einen Antrag auf Steuererlaß aus Billigkeitsgründen stellen sollten.
Z.Zt. laufen erste Verhandlungen zwischen Deutschland und den Niederlanden über den Abschluß eines DBA in Erbschaftsteuerangelegenheiten. Über den Zeitpunkt eines Abschlusses darf spekuliert werden.

---

62 Vgl. oben, S. 121, den 4. „Anknüpfungspunkt" unter „C) Deutschland".

7

ABKÜRZUNGSVERZEICHNIS

Abs.	Absatz
Afa	Absetzung für Abnutzung
Art.	Artikel
AO	Abgabenordnung
AWR	Einkommensteuergesetz (Niederlande)
Az	Aktenzeichen
B	Belgien
Best.-Recht	Besteuerungs-Recht
BfA	Bundesanstalt für Angestellte
BMF	Bundesministerium für Finanzen
BStBl.	Bundessteuerblatt
D	Deutschland
DBA	Doppelbesteuerungsabkommen
EG	Europäische Gemeinschaft
EG-AHG	EG-Amtshilfegesetz
EG-AVO	EG-Amtshilfeverordnung
ESGB	Einkommensteuergesetz (Belgien)
EStG	Einkommensteuergesetz (Bundesrepublik Deutschland)
i.d.F.v.	in der Fassung von
LVA	Landesversorgungsanstalt
EWG	Europäische Wirtschaftsgemeinschaft
EU	Europäische Union
EuGH	Europäischer Gerichtshof
KESt	Kapitalertragsteuer (auch deutsche Zinsabschlagsteuer)
KöSt	Körperschaftsteuer
NL	Niederlande
OECD	Organisation für wirtschaftliche Zusammenarbeit und Entwicklung
OECD-MA	OECD-Musterabkommen
Ziff.	Ziffer

8

ANHANG

Verzeichnis der Grenzgemeinden

(Nach dem Stand vom 01.01.1977 erstellt von der OFD Köln – St 12)

Vorbemerkung

Das Verzeichnis gilt grundsätzlich ab 1. Januar 1977. Sofern einzelne Gemeinden bereits vor diesem Zeitpunkt – z. B. durch Gebietsreformen – Grenzgemeinden im Sinn des Abkommens geworden sind, gilt das Verzeichnis ab dem Zeitpunkt des Eintritts der Änderung. Dieser Zeitpunkt kann ggf. bei dem für die jeweiligen Gemeinde zuständigen Finanzamt erfragt werden.

A. In der deutschen Grenzzone belegene Gemeinden

1. Land Rheinland-Pfalz

Affler
Altscheid
Ammeldingen
b. Neuerburg
Arzfeld
Auw bei Prüm

Basberg
Bauler
Berkoth
Berndorf
Berscheid
Birgel
Birresborn
Bleialf
Brandscheid
Buchet
Büdesheim
Burscheid

Dackscheid
Dahnen
Daleiden
Dasburg
Dauwelshausen
Dingdorf
Dohm-Lammersdorf
Duppach

Eilscheid
Emmelbaum
Esch
Eschfeld
Euscheid

Feuerscheid
Feusdorf
Fischbach-Oberraden
Fleringen

Gemünd
Gerolstein
Giesdorf
Gönnersdorf
Gondelsheim
Gondenbrett
Großkampenberg
Großlangenfeld

Habscheid
Hallschlag
Hargarten
Harspelt
Heckhuscheid
Heilbach
Heisdorf
Herbstmühle
Hersdorf
Herzfeld
Hillesheim
Hütten

Irrhausen

Jünkerath
Jucken

Kalenborn-Scheuern
Karlshausen
Keppeshausen
Kerpen (Eifel)
Kerschenbach
Kesfeld

Kickeshausen
Kinzenburg
Kleinlangenfeld
Kopp
Koxhausen
Krautscheid

Lahr
Lambertsberg
Lascheid
Lasel
Lauperath
Leidenborn
Leimbach
Lichtenborn
Lierfeld
Lissendorf
Lünebach
Lützkampen

Manderscheid
Masthorn
Matzerath
Mauel
Merkeshausen
Merlscheid
Mützenich
Muxerath

Nasingen
Neuendorf
Neuerburg
Niederlauch
Niederpierscheid
Niederraden
Nimsreuland

Oberbettingen
Obergeckler
Oberlascheid
Oberlauch
Oberpierscheid
Olmscheid
Olzheim
Orlenbach
Ormont

Pintesfeld
Pittenbach
Plascheid
Plütscheid
Preischeid
Pronsfeld
Prüm

Reiff
Reipeldingen
Reuth
Rodershausen
Rommersheim
Roscheid
Roth bei Prüm

Scheid
Scheitenkorb
Scheuern
Schönecken
Schüller
Schwirzheim
Seiwerath
Sellerich
Sengerich
Sevenig (Our)
Sevening bei Neuerburg
Stadtkyll
Steffeln
Strickscheid

Uppershausen
Utscheid
Übereisenbach
Üttfeld

Waldhof-Falkenstein
Wallersheim
Watzerath
Waxweiler
Weidingen
Wiesbaum
Winringen
Winterscheid
Winterspelt

Zweifelscheid

2. Land Nordrhein-Westfalen

Aachen
Aldenhoven
Alsdorf

Baesweiler
Blankenheim
Brüggen (Kreis Viersen)

Dahlem
Düren

Eschweiler

Gangelt
Geilenkirchen

Heimbach
Heinsberg
Hellenthal
Herzogenrath
Hürtgenwald

Inden

Kall

Kreuzau

Langerwehe

Mechernich
Monschau

Nettersheim
Nideggen
Niederkrüchten

Roetgen

Schleiden
Selfkant
Simmerath
Stolberg

Übach-Palenberg

Waldfeucht
Wassenberg
Würselen

B. In der belgischen Grenzzone belegene Gemeinden

Amblève (Amel)
As
Aubel

Baelen
Bastogne
Blègny
Bree
Büllingen (Bullange)
Burg-Reuland
Butgenbach

Dahlem
Dilsen
Dison

Eupen

Fourons (Voeren)

Gouvy

Herve
Houffalize

Jalhay

Kelmis (La Calamine)
Kinrooi

Lanaken
Limbourg
Lontzen

Maaseik
Maasmechelen
Malmédy
Meeuwen-Gruitrode

Opglabbeek

Plombières

Raeren

Sankt-Vith (Saint-Vith)
Spa
Stavelot
Stoumont

Theux
Thimister-Clermont
Trois-Ponts

Verviers
Vielsalm
Visé

Waimes
Welkenraedt

II/4. Verständigungsvereinbarung zur Anwendung der Grenzgängerregelung (Art. 15 Abs. 3 Nr. 1)

BMF Schreiben vom 09. Juli 1982 – IV C 5 – S 1301 – Belgien – 51/82

Mit der belgischen Steuerverwaltung ist zur Anwendung der Grenzgängerregelung folgende Verständigungsvereinbarung getroffen worden:
Artikel 15 Abs. 3 Nr. 1 des deutsch-belgischen DBA findet auf Arbeitnehmer Anwendung, die im Grenzgebiet des einen Staates ihre Tätigkeit ausüben und im Grenzgebiet des anderen Staates ihren Wohnsitz haben, zu dem sie grundsätzlich jeden Tag zurückkehren (Grenzgänger).
Kehrt ein Arbeitnehmer nicht täglich an seinen Wohnsitz zurück oder ist er ausnahmsweise an Arbeitsorten außerhalb der Grenzzone beschäftigt, so geht die Grenzgängereigenschaft nicht verloren, sofern

> der Arbeitnehmer während des ganzen Kalenderjahres in der Grenzzone beschäftigt ist und in dieser Zeit höchstens an 45 Arbeitstagen nicht zum Wohnsitz zurückkehrt oder außerhalb der Grenzzone für seinen Arbeitgeber tätig ist oder – falls der Arbeitnehmer nicht während des ganzen Kalenderjahres in der Grenzzone beschäftigt ist – die Tage der Nichtrückkehr oder der Tätigkeit außerhalb der Grenzzone 20 v. H. der gesamten Werktage bzw. Arbeitstage im Rahmen des Arbeitsverhältnisses (der Arbeitsverhältnisse) nicht übersteigt, jedoch in keinem Fall mehr als 45 Tage betragen. Hierbei zählen Krankheits- oder Urlaubstage nicht als Tage der Nichtrückkehr.

Diese Regelung ist ab dem Veranlagungszeitraum 1981 auch für bereits bestandskräftige Steuerbescheide anzuwenden. Sie gilt für frühere Veranlagungszeiträume, soweit die Steuerfestsetzungen noch nicht bestandskräftig sind oder unter dem Vorbehalt der Nachprüfung stehen.

Art. 15 (Unselbständige Arbeit)

(1) Löhne, Gehälter und ähnliche Vergütungen, die eine in einem Vertragstaat ansässige Person aus unselbständiger Arbeit bezieht, können nur in diesem Staat besteuert werden, es sei denn, daß die Arbeit in dem anderen Vertragstaat ausgeübt wird. Wird die Arbeit dort ausgeübt, so können die dafür bezogenen Vergütungen in dem anderen Staat besteuert werden.

(2) Abweichend von Absatz 1 können Vergütungen, die eine in einem Vertragstaat ansässige Person für eine in dem anderen Vertragstaat ausgeübte unselbständige Arbeit bezieht, nur in dem erstgenannten Staat besteuert werden, wenn

1. sie für eine Tätigkeit gezahlt werden, die in dem anderen Staat insgesamt nicht länger als 183 Tage – übliche Arbeitsunterbrechungen eingeschlossen – während des Kalenderjahres ausgeübt wird,
2. die Vergütungen von einem Arbeitgeber oder für einen Arbeitgeber gezahlt werden, der nicht in dem anderen Staat ansässig ist, und
3. die eigentliche Last der Vergütungen nicht von einer Betriebstätte oder einer festen Einrichtung getragen wird, die der Arbeitgeber in dem anderen Staat hat.

(3) Abweichend von den Absätzen 1 und 2

1. können Löhne, Gehälter und andere Vergütungen, die Personen beziehen, die in der Grenzzone eines Vertragstaates arbeiten und ihre ständige Wohnstätte, zu der sie in der Regel jeden Tag zurückkehren, in der Grenzzone des anderen Vertragstaates haben, nur in diesem anderen Staat besteuert werden;
2. gelten Vergütungen für eine an Bord eines Seeschiffes oder Luftfahrzeuges im internationalen Verkehr oder an Bord eines Schiffes im Binnenverkehr ausgeübte unselbständige Arbeit, als Vergütungen für eine Tätigkeit, die in dem Vertragstaat ausgeübt wird, in dem sich der Ort der tatsächlichen Geschäftsleitung des Unternehmens befindet; sie können in diesem Staat besteuert werden.

(4) Die Bestimmungen dieses Artikels gelten nicht für Einkünfte, auf die die Artikel 16, 18, 19 und 20 anzuwenden sind.

9

REGISTER

Amtshilfe (-verordnung) 6, 47, 54, 113
Anrechnungsmethode 40, 62, 77, 94, 108, 117
Arbeitnehmerbesteuerung 7, 23, 76ff., 80, 83f., 98f.
Ansässigkeit (ansässig) 6, 14, 18, 23, 26, 28, 33, 36f., 40, 43f., 58ff., 62, 64, 67, 77f., 80, 82, 88

Bau- oder Montagestellen 44f.
Beitreibung 54
Belegenheitstaat 19, 23f., 27, 30, 32f., 40, 45, 58, 64f., 106, 117
Betriebsstätte 6, 17, 25f., 28, 31ff., 44f., 83ff., 88, 91, 94, 106, 116f.

Dividenden 24, 27, 40, 62, 76f., 94, 106ff.
Doppelbesteuerung, virtuelle 111
Doppelbesteuerungsabkommen 6f., 10, 21, 23f., 26ff., 30ff., 41, 43ff., 47, 51, 54, 58f., 62, 64f., 70, 76ff., 80f., 90, 94, 98, 103f., 106, 108, 110, 116f., 119, 121, 125, 133
Doppelbesteuerungs-Verhinderung 94

Erblasser 121, 124f.
Erbschaftsteuer 7, 114, 121, 124f.

Fiskalausgleich 10, 77f., 86, 98
Freistellungsmethode 40f., 77

Gesamtvermögen 116, 124f.
Grenzpendler (Grenzgänger) 6f., 10f., 18, 20, 25, 33, 37f., 43f., 51, 58f., 61f., 64ff., 69, 74, 76, 84, 90, 94, 98, 110f., 113f., 116f., 119
Grenzpendlergesetz 20, 37, 58, 60f., 108
Grenzzone 82ff., 88, 90ff., 94
GmbH-Gesellschafter 7

Haushaltsfreibetrag 62

Informationsaustausch 6, 27, 47f.

Kassenstaat 25, 86
Kinderbetreuungskosten 62
Körperschaftsteuer 106ff.
Kollisionsnorm 27
Kulanzauskünfte 47

Lohneinkünfte 72, 87

Mißbrauchsvorschriften 77

OECD-Musterabkommen 23, 26, 28, 82, 98
Öffentlicher Dienst 25, 58, 80f., 83f., 86, 99
Optionsmöglichkeiten 70

Progressionsvorbehalt 26, 28, 31, 41, 62, 64ff., 71f., 86, 88, 95f., 103, 108, 111, 114

Quellenstaat 17, 24, 26f., 31, 36, 40, 64, 71, 104, 106
Quellensteuer 107f.

Realsplitting 62
Renten 7, 17, 31, 71f., 82, 110f.
Revisionsverhandlungen 10, 20, 23, 77, 90, 98f.
Routineauskünfte 48

Schädlichkeitsgrenze 71, 88, 94, 114
Schwarzgelder 7, 113
Spontanauskunft 113
Staatsbürgerschaft 14, 83
Steuerpflicht, beschränkte 6, 23, 32f., 36ff., 58ff., 73, 76, 103, 113, 116, 125
Steuerpflicht, unbeschränkte 6, 32f., 36ff., 43, 58ff., 73, 116, 124
Steuerrecht, nationales 6, 32, 59, 65, 76, 88, 94, 116
Steuerrecht, internationales 27, 64f., 80, 111
Steuertarif 20, 32, 40, 71, 103

Tätigkeit, freiberufliche 25, 32, 104
Tätigkeitstaat 10, 15, 18f., 25, 44f., 67, 74, 77f., 82, 84, 86f., 95, 98, 103f.

Unternehmensgewinne 27, 31

Vermögensarten 116
Vermögensteuer 7, 76, 116, 119
Verständigungsverfahren 6, 27, 44, 51f., 90
Vollstreckung 47, 54f.

Wohnsitzstaat 15, 17, 19f., 23ff., 30ff., 36, 40f., 43f., 51, 54, 58, 62, 64f., 67, 73, 77f., 80, 82, 85ff., 90, 94f., 98f., 103f., 106, 108, 111, 113f., 116f.

Zusatzprotokoll Niederlande 21, 23
Zinsen 17, 24, 27, 31, 33, 40, 54, 77